¡SE RETIRAN {Tomo 1}
TODOS LOS CARGOS!

¡Se retiran todos los cargos! Relatos devocionales desde la corte terrenal hasta el trono de la gracia, Tomo 1

Publicado por:

1517 Publicaciones
PO Box 54032
Irvine, CA 92619-4032

Información de catalogación en la fuente del publicador
Impreso en los Estados Unidos de América.
Diseño de portada por Zachariah James Stuef.

Los relatos devocionales están inspirados en la experiencia del autor como traductor de la corte. Pero cualquier similitud con personas reales, vivas o fallecidas, o con hechos reales, es mera coincidencia. La información acerca de nombres, edades, género y ubicación ha sido modificada para proteger a todos y cada uno de los individuos que inspiraron los relatos. Cualquier similitud con una persona o caso específicos es mera coincidencia.

¡SE RETIRAN {Tomo 1} TODOS LOS CARGOS!

*Relatos devocionales desde
la corte terrenal hasta el trono de la gracia*

Haroldo S. Camacho

Prólogo de Donavon Riley

Para:

*Seb, Lola, Ethan, Leslie, Laura; Vince, Noah, Alan, Esther; Jaylee Jill,
Kristina, Tyler; Orlando Samuel, Mercedes Camacho; Samuel Camacho,
Bertilda Camacho; Alberto Samuel, Elber Samuel, Betty Luz, toda mi
más cercana familia biológica, y mi familia del corazón; y a mi familia
extendida en el evangelio, a quienes solo conoceré en el reino del Hijo de
Dios, Hijo del Hombre, y por su sola gracia.*

Índice

Prólogo 9
Prefacio 13

1. El juez injusto 17
2. El divorcio que no se dio 21
3. Viendo estrellas 25
4. Cuando las «chelitas» salen caras 29
5. ¡Mi mamá nunca me va a perdonar! 31
6. Gracia inesperada 33
7. El delito [casi] perdonado 35
8. No fui yo, fue otro 37
9. ¿Por qué se enoja el juez? 39
10. El día más feliz 41
11. El matrimonio anulado 43
12. El dolor de la condena 45
13. ¿Robo, o cambio de identidades? 47
14. Cuando los ositos de peluche lloraron 49
15. No se puede romper el sello 53
16. Se me hizo fácil agarrarlos 55
17. No sabíamos lo que había en la mochila 57
18. ¿Acepto la oferta, o me arriesgo al fallo? 61
19. Pero dígale que no me grite 63
20. ¿Cuándo voy a volver con mi mamá? 67
21. La oveja negra 71
22. La ira del juez 73
23. ¡No has hecho absolutamente nada! 75
24. La guitarra que lo mandó a la carcel 79

25. Ahora ya verás lo que te va a pasar 81
26. Reunificados 83
27. Latidos de inocencia 85
28. Se me fue de las manos 87
29. ¿Qué es lo mejor para los niños? 89
30. Cuando el juez te revuelca con preguntas 91
31. ¿Qué harías si fueras el juez? 93
32. Inocente hasta que se demuestre lo contrario 95
33. Niños en manos de necios 97
34. ¿Cerveza en el biberón? 99
35. No es mi hija 101
36. El pastor fuera de control 103
37. ¿De las bromas al amor? 105
38. Cáncer en cuarta etapa 107
39. Su hijo murió, usted no debe nada 109
40. ¿Cuál es su verdadero nombre? 111
41. Mi abogado no me ayuda 113
42. Me dijeron que mi vida era ingobernable 115
43. ¿Cuerdo o loco? 117
44. Yo estaba trabajando, y ni cuenta me daba 119
45. Lo' loco' son ello', que me tienen po' loco 121
46. Tengo miedo de amar 123
47. El hijo del pastor 125
48. Más allá de toda duda razonable 127
49. Amores que matan 129
50. ¡Me dejó su mugre! 131
51. Y ¿dónde tienes el clavo? 133
52. No sabía que estaba divorciada 135
53. El policía tiene la culpa 137
54. La foto del culpable 139
55. ¿Espíritus o espíritu? 141
56. ¡Gracias a Dios que ya no va a volver! 143
57. ¿Es que no se van a callar? 147
58. Pero quiero pagar los cien dólares 149
59. ¡Quiero ver a mis hijos! 151
60. Usted no tiene autoridad sobre mí 153
61. No intervino con su propio cuerpo 155

62. Con dos balas me perdonó la vida 159
63. No se te impondrá el castigo normal 161
64. ¡A mí no me controla nadie! 163
65. En un pleito: ¿mediador o juez? 165
66. Dígale que me espere los cinco años 169
67. El problema lo tienen otros, yo no 171
68. El robo «armado» 173
69. Abuso contra persona de la tercera edad 175
70. ¿Un abogado encubridor? 177
71. Será amparado con estatus migratorio 179
72. Te quiero, mi tesorito 181
73. El casi héroe de la historia 185
74. ¿Por dos cervezas me anularán catorce años de trabajo? 187
75. Perro sabueso vs. tortillas chips picantes 189
76. La corbata deshilachada 191
77. Dicto orden de desalojo forzoso 193
78. Helados a cambio de toques 197
79. El tribunal la cuidará como si fuera su propia hija 199
80. «Allá en el rancho grande…» 201

Prólogo

La tesis central del apóstol Pablo es que no podemos persistir en confiar en nuestras propias fuerzas. Nuestra condición innata jamás puede ser otra que desvalimiento y conflicto. En consecuencia, solo existe una forma posible de terminar con esto. Jesucristo debe venir a nosotros.

Esta fue la experiencia de Pablo, como nos informan sus epístolas. Mientras Pablo permaneció como fariseo, aun siendo «fariseo de fariseos», como él afirmó, estaba atrapado en una lucha sin esperanza. Conocía muy bien los mandamientos de Dios y sabía que debía vivir como un hombre bueno y justo. Pero a pesar de su ferviente deseo de cumplir, sus esfuerzos eran en vano.

Entonces Jesucristo vino a él. El Dios a quien él perseguía y enjuiciaba le reveló la verdad a Pablo, lo trasladó al reino de Cristo, y transformó y renovó los pensamientos de su mente. Ahora Cristo gobernaba la vida de Pablo y el resultado fue que su vieja humanidad quedó aniquilada. Ahora Pablo difería en todo sentido del celoso fariseo que se aferraba a la ley como una guía y estímulo para vivir una vida justa delante de Dios.

Pablo experimentó lo que muchos —incluido el autor de este libro— han vivido: aun cuando vivimos conforme a los principios de los mandatos de Dios y las leyes humanas no somos lo bastante fuertes para dominar nuestro corazón pecaminoso. A consecuencia de esto, quedamos reducidos a miserables criaturas. Es decir, reconocemos aquello que deberíamos hacer, y genuinamente queremos hacerlo, pero somos incapaces de doblegar nuestro egocentrismo. En términos teológicos, a eso se refiere la doctrina de la iglesia acerca del pecado original. Somos pecadores, lo que significa que somos inherentemente egoístas y no hay nada que podamos hacer para cambiar de dirección y volvernos plenamente abnegados, como Dios nos exige. La tragedia de la existencia humana es, entonces, que en nuestra búsqueda de una vida buena y justa nos volvemos cada vez más egoístas.

Este libro, entonces, al igual que las epístolas de San Pablo, tiene mucho que decir acerca de la vida vieja y la nueva; específicamente, cómo se puede obtener la vida y la justicia.

El único medio para obtener la vida y la justicia es concedido por Dios como un regalo gratuito. Jesucristo, no la ley, realiza lo imposible para nosotros. La muerte y resurrección de Jesús nos libera de la carga, el intolerable apremio de intentar diariamente vivir de tal manera que podamos demostrar que somos dignos de presentarnos delante de Dios y escucharlo decir: «¡Hiciste bien, siervo bueno y fiel!».

Es esta proclamación radical lo que cambia todo para nosotros. Ya no se habla acerca de lo que se debe hacer y dejar de hacer. Ya no hay ningún debate acerca de obedecer los mandamientos de Dios mediante el ejercicio de nuestra fuerza de voluntad. Ahora que Cristo se ha levantado de los muertos, a partir de la predicación del evangelio y la administración de sus dones de salvación es evidente que en la vida de los cristianos solo hay un principio operativo: el amor voluntario y espontáneo de Dios derramado sobre nosotros en abundancia en y a través de Jesucristo.

En consecuencia, en este libro el lector descubrirá evidencia a favor de Cristo que no exige un veredicto. El autor comprende bien que, pese a que la ley es buena, nos impone una carga terrible. Las exigencias de la ley de que vivamos una vida buena y justa nos causan angustias y perplejidades, no porque la ley haga una oferta engañosa, sino porque somos incapaces de hacer lo que ella ordena.

Por tanto, de una forma notablemente paulina, el autor nos dice esto mismo mediante una serie de meditaciones tomadas de su propia vida, para liberarnos de la terrible carga de la ley, y consolarnos con el evangelio de Jesucristo. Un evangelio que declara:

> ... a su debido tiempo, cuando aún éramos débiles, Cristo murió por los pecadores. Es difícil que alguien muera por un justo, aunque tal vez haya quien se atreva a morir por una persona buena. Pero Dios muestra su amor por nosotros en que, cuando aún éramos pecadores, Cristo murió por nosotros (Romanos 5:6-8).

En el Nombre de Jesús,
Rev. Donavon L. Riley
18 de julio de 2022

Prefacio

Por más de veinte años oí innumerables veredictos de «¡Culpable!», acentuados por los martillazos del juez. Cada día laboral fungía como traductor oficial en los tribunales de justicia de California, Estados Unidos. A veces, en un solo día oíamos más de cien casos de todo tipo de criminalidad. Algunos eran infracciones de tránsito; otros, delitos menores; otros, delitos graves. También había innumerables peticiones de divorcio, órdenes de alejamiento, acusaciones de maltrato infantil, y muchos casos en el tribunal tutelar de menores. En el centro de cada acusación había un ser humano que, desde que comenzó a respirar como recién nacido, había representado la inocencia, la curiosidad, el gozo y la promesa de la existencia humana. Sin embargo, años más tarde, aquí estaba esa misma persona, acusada de cualquiera de muchos delitos, o de varios: robo a mano armada, agresión, asesinato, violación y todo tipo de agresión sexual; maltrato físico y abuso sexual de menores, tráfico de drogas, allanamiento de morada, conducción en estado de ebriedad, abuso de todo tipo de estupefacientes, y delitos de cuello blanco. La lista era interminable. En la mayoría de los casos, la humanidad de los acusados parecía haberse desvanecido, pues unos a otros se agredían sin misericordia alguna.

Las comparecencias en los tribunales, desde la instrucción de cargos, pasando por las audiencias preliminares, hasta el juicio y la sentencia, eran un gran despliegue de la humanidad en sus peores momentos, y rara vez, en los mejores. También fui testigo del sistema judicial en sus mejores momentos, y a veces, en los peores. La justicia, en definitiva, está en manos de gente imperfecta: jueces, abogados, actuarios, y sí, ¡incluso intérpretes! A veces uno se preguntaba si algunos jueces se dejaban guiar por sus propios prejuicios contra el individuo diferente, el extranjero, el inmigrante, o el indefenso. No obstante, por lo general, reinaba la ley. La ley abarca cada detalle de la conducta delictiva y aplica el castigo correspondiente. Sin embargo, la ley escrita es ciega y sorda a las lágrimas de arrepentimiento, las peticiones de clemencia y las promesas de cambio de conducta. A veces parecía que la inflexibilidad de la ley producía en algunos más maldad que contrición de espíritu. Pude ver cómo, bajo las sofocantes demandas de la ley, los corazones se enfriaban y endurecían, tanto en jueces como en delincuentes.

En este libro encontrarás muchas de esas historias. Sin embargo, hay una sola historia que se cuenta y que vale la pena recordar. Es la historia del evangelio. Las anécdotas de los tribunales son tan solo un megáfono que anuncia la gran historia procedente del tribunal de Dios. Allí, él dictó su sentencia de gracia sobre la humanidad. Esa es la historia de la asombrosa iniciativa de Dios, por la cual, en Jesucristo, dicta fallos de «perdón» a cada pecador culpable. Sin embargo, esto tiene un gran costo: la encarnación voluntaria del singular Hijo de Dios, Jesucristo. Él se convirtió en nuestro Sustituto en su vida, muerte y resurrección. Por medio de su obra consumada, Dios pudo dictar gracia en lugar de condena, y perdón en vez de muerte eterna, solo por gracia, solo por Cristo, y solo por fe. Cada historia va desde los inflexibles dictados de la ley humana hasta el tribunal celestial en la presencia de Dios. Allí, la ley es aun más inflexible, y es por eso que Jesucristo se hizo voluntariamente carne para que el peso de la ley cayera sobre él. De esa manera, los pecadores reciben gracia y misericordia por medio de la vida y el sacrificio de Cristo.

Tal vez algunos verán demasiada gracia en la historia del evangelio como se narra aquí. Sinceramente, ¡espero que así sea! Parafraseando el prefacio de Lutero, en su comentario sobre Gálatas:

«Formulé estas narraciones solamente para los perturbados, los afligidos, los tentados (pues son los únicos que pueden entender esta gracia), aquellos que han sufrido la pérdida de su fe. Quienes necesiten más instrucción para vivir una vida piadosa, bien pueden acudir a otros libros, con mejores anécdotas de vidas transformadas y pasos para vencer todo mal, pues esos libros son legión».

Agradezco a mi esposa Mercedes, que me animó a llevar a cabo esta compilación de mis experiencias, y a mi hijo Orlando, que cada día me enseña la gracia de perdonar y ser perdonado. Sin embargo, este libro es para ti, que lo estás leyendo. Memoriza los textos bíblicos, cópialos a mano, ponlos en tus tabletas y plataformas digitales, y haz tuyo este libro. Cada día, a solas o con tu familia, lee tus historias favoritas, y recuerda: gracias a Jesús, tus pecados han sido perdonados.

Haroldo S. Camacho, PhD.
22 de enero de 2022,
Davie, Florida

1

El juez injusto

«Esta justicia de Dios llega, mediante la fe en Jesucristo, a todos los que creen. [...] De este modo Dios es justo y, a la vez, el que justifica a los que tienen fe en Jesús» (Romanos 3:22, 26 NVI).

Tarde o temprano, la mayoría de los conductores recibirán una citación para rendir cuentas ante el tribunal de tránsito. Deberán declararse culpables o inocentes de haber infringido las leyes de tránsito. Sin embargo, quien fijará la multa será el juez. Dependiendo del juez que presida ese día, la multa por el mismo delito podrá variar. Por saltarse un semáforo, un juez puede cobrar hasta 425 dólares, mientras que otro puede cobrar 125. Saltarse una señal de alto puede costar 280 dólares con un juez, mientras que con otro, tan solo 100. Por exceso de velocidad, un juez puede imponer 450 dólares, y otro, 225. Los acusados, especialmente los reincidentes, se sienten confundidos. Un día, el juez cobra mucho, y al día siguiente, otro cobra la mitad. Si en ese tribunal no hay un juez permanente, es «a lo que traiga la suerte». En más de una ocasión he oído al acusado reclamar: «Pero su Señoría, aquí los jueces no juegan limpio; uno cobra una cosa, y el otro cobra más por la misma cosa»; algo que al juez no le cae muy bien, pues todo juez se considera justo, y a lo cual responde: ¿Y quién dice que aquí esto es un juego? ¡Son ustedes los que juegan con la vida de otros y la de ustedes mismos! ¡Era usted

quien conducía a 65 kilómetros por sobre el límite de velocidad!».
Pero, lo que parece un juego injusto, está dentro del campo de juego.
La multa es fijada por la legislatura estatal, indicando un tope y
un mínimo. De modo que, cuando impone la multa, el juez usa su
propia discreción judicial. No hay nada injusto en la cantidad que
impone. Lo que parece injusto, no lo es. Los reclamos de injusticia
caen en los oídos sordos de la ley. La ley no puede rebajar multas. La
ley no puede perdonar. Solo el juez puede reducir y hasta anular o
perdonar las multas.

No obstante, ante el tribunal de Dios, todo es parejo y no hay
variación alguna. Solo el Juez Supremo del universo puede perdonar,
limpiar los registros, ¡o declarar justo al impío! No se parece en nada
a los tribunales terrenales. La multa, el castigo, es siempre el mismo,
e igual para todos. Y en eso, el Juez no ejerce discreción. «Porque
la paga del pecado es muerte» (Romanos 6:23 RVR1960)*. Todos
deben pagar la pena máxima por igual. No hay escapatoria. Ante la
ley de Dios no hay ruegos, ni argumentos, ni pretextos, ni cláusulas
exculpatorias. Lo que hay es un Sustituto. En la justicia divina, quien
recibe la condena es otro: Jesucristo, el Hijo de Dios, declara ante
el Juez: «Esa pena la pagué en la cruz, en su totalidad, hace dos mil
años. Tomé el lugar de cada pecador, y todo aquel que cree en mí,
tiene su condena completamente pagada». La Escritura se refiere a
este intercambio como «la justicia de Dios». Tú le entregas todo tu
pecado a Cristo, y él te da toda su perfección y santidad. «Porque en
él habita corporalmente toda la plenitud de la Deidad, y vosotros
estáis completos en él» (Colosenses 2:9–10 RV60). «Esta justicia de
Dios llega, mediante la fe en Jesucristo, a todos los que creen. [...]
De este modo Dios es justo y, a la vez, el que justifica a los que tienen
fe en Jesús» (Romanos 3:22, 26 NVI). Parece injusto, como si el Juez
no estuviera jugando limpio. ¿Por qué? Porque se te ha perdonado
completamente, gratuitamente, ¡sin pagar ni la más microscópica
porción de una célula blanca o roja de tus obras! Sin embargo, es
totalmente justo y limpio, pues tu castigo se pagó en otro cuerpo.

---

* En adelante RV60

Se pagó en el cuerpo de alguien que te ama más de lo que puedas imaginar; alguien que no puede vivir sin ti. Por ti y por mí, él hizo lo impensable. Llevó toda nuestra suciedad en su alma limpia y pura. Solo merecíamos castigo, abandono y muerte, pero el Juez eterno usó su propia discreción judicial, y por medio de Cristo, borró tu culpa y tu sentencia de muerte. Esto siempre me deja boquiabierto, que por la pura inmerecida gracia de Dios fuimos amados y declarados justos, santos y perfectos a su vista. Solo podemos confiar en la obra que él consumó por nosotros. Si confiamos en nuestros sentimientos como prueba de su perdón, nos decepcionaremos, pues a veces, y con mucha frecuencia, seguiremos sintiéndonos cubiertos de mucha suciedad, con más de un pecado permanentemente revoloteando. Sin embargo, cuando Dios mira nuestro archivo en su computadora celestial, y busca «pecado», aparece el mensaje «No se encontró». Lo único que encuentra es la vida perfecta de su Hijo Jesucristo.

¿Lo crees? Confiésalo con tu boca y créelo en tu corazón, pues él ya te ha tomado entre sus brazos, y te ama, cuida, y salva para siempre.

2

El divorcio que no se dió

> «Nunca te dejaré ni te abandonaré»; «No temas, que yo soy contigo; no desmayes, que yo soy tu Dios que te esfuerzo: siempre te ayudaré, siempre te sustentaré con la diestra de mi justicia» (Hebreos 13:5 DHH; Isaías 41:10 RV60).

Cuando el juez pasó lista, llegó a la mesa una pareja de ancianos. Cada uno se sentó en un extremo. Yo me senté al medio, para interpretarles la audiencia ante el juez. Ambos tenían una apariencia muy similar. La piel de sus manos, brazos y rostros, tostada y arrugada, marcas inconfundibles de años de trabajo a pleno sol. No mostraban emoción alguna, probablemente debido a penurias que escapan a nuestra comprensión. Eran rostros que, por razones propias de las pruebas de la vida, ya no sonríen con facilidad. Miraban impávidamente en dirección al juez. Este abrió la sesión: —Señor Francisco, esta es su demanda para poner fin a su matrimonio de 39 años. ¿Ha llegado ya a un acuerdo con la señora Matilde respecto a los pormenores del divorcio, o desea que yo oiga el asunto y me pronuncie sobre cada punto? —Yo traduje con fidelidad y precisión, pero con cierto temor a que la pareja no entendiera el lenguaje judicial. Sin embargo, él respondió clara y pausadamente: —Sí, su Señoría, ya nos pusimos de acuerdo. —Entonces, ¿cuál es el acuerdo? ¿Tienen algo por escrito? —Un silencio profundo sobrecogió la sala mientras el anciano se fijaba en sus manos arrugadas como buscando la respuesta.

Finalmente habló, diciendo clara y pausadamente: —Señor juez, es que ya no nos queremos divorciar. —Inmediatamente, traduje al inglés. El juez se echó atrás en su sillón, y con un sincero asombro, respondió, dirigiéndose a la mujer: —¿Es verdad, señora? ¿Ya no quieren divorciarse? —Sí, su Señoría —respondió sin titubear—. Ya lo platicamos. Vamos a seguir viviendo juntos. —El juez anuló rápidamente la demanda del esposo. Se hizo un gran silencio. Luego, la pareja se levantó como lo hacen los ancianos: apoyándose en la mesa, empujaron cuidadosamente las sillas hacia atrás. Sus manos gruesas y arrugadas se encontraron, y lentamente, con la dificultad de sus años, salieron de la sala tomados de la mano.

Desde nuestros primeros padres hasta el día de hoy, la humanidad ha entablado una demanda de divorcio contra Dios, argumentando: «Dios no existe. Dios ha muerto. Pero si existe, es un Dios cruel, pues permite mucho sufrimiento. La Biblia también es un mito. No creo en la creación, sino en la evolución. La humanidad se salvará por sus propios medios. Si ese Dios existe, no puede perdonar mis pecados, porque son muchos, persistentes y demasiado ofensivos». Sin embargo, en la cruz, Cristo tomó nuestro lugar, y con un grito que se oyó hasta los cielos, exclamó, en favor de toda la humanidad: «¡No me quiero divorciar de ti; te quiero, te quiero para siempre! ¡Te amo tanto que di mi vida por ti!». Nuestra demanda de divorcio queda ahogada por la voz de nuestro Esposo Jesucristo, quien exclama: «Nunca te dejaré ni te abandonaré»; «No temas, que yo soy contigo; no desmayes, que yo soy tu Dios que te esfuerzo: siempre te ayudaré, siempre te sustentaré con la diestra de mi justicia» (Hebreos 13:5 DHH; Isaías 41:10 RV60). Para Dios, ni nuestra incredulidad ni nuestra infidelidad, ni la perversidad ni la indiferencia, son causa de divorcio. En la cruz, Cristo pagó el precio de todos nuestros pecados, y nos dio como regalo de bodas la perla más preciosa: su propia justicia. Esa justicia es nuestro traje de bodas: «Me deleito mucho en el Señor; me regocijo en mi Dios. Porque él me vistió con ropas de salvación y me cubrió con el manto de la justicia. Soy semejante a un novio que luce su diadema, o una novia adornada con sus joyas» (Isaías 61:10 NVI).

En última instancia, todos nos encontraremos ante el tribunal de Cristo (2 Corintios 5:10). Sin embargo, allí no habrá decreto de divorcio. El Juez dirá: «La demanda no tiene fundamento; no hay causa judicial, debido a la contrademanda de Cristo». Luego, Jesús, nuestro Esposo, con las cicatrices en sus manos, nos tomará de la mano y, desde esa suprema sala, nos llevará a la eternidad —su eternidad— para un banquete de bodas sin fin. Allí se celebrará con pan y vino en abundancia. No habrá silencio. La gran multitud exclamará: «Al que está sentado en el trono, y al Cordero, sean dadas la alabanza, la honra, la gloria y el poder, por los siglos de los siglos» (Apocalipsis 5:13 RVC).

Viendo estrellas

«Entonces lo llevó afuera, y allí le dijo: "Fíjate ahora en los cielos, y cuenta las estrellas, si es que las puedes contar. ¡Así será tu descendencia!"». «Abraham creyó a Dios, y por eso Dios lo declaró justo» (Génesis 15:5 RVC; Romanos 4:3 NBV).

Por muchos años trabajé como intérprete judicial en un tribunal de salud mental en California. Una de las audiencias más frecuentes tenía la finalidad de determinar la competencia mental de los detenidos. Un juez puede determinar que, por razones de salud mental, una persona debe quedar detenida bajo la supervisión del tribunal de salud mental. Esta pérdida de libertad puede ser provisional o indefinida. Si es indefinida, la persona se coloca en lo que se llama una curatela. Una vez al año, el paciente se presenta ante el juez. El juez luego dicta si el paciente puede regresar a la sociedad. Pero primero, un abogado entrevista al cliente (o paciente) y hace una recomendación al juez. Los clientes hacen todo lo posible para llegar bien preparados a esas audiencias. Es su oportunidad anual para recuperar todos sus derechos y su libertad.

Recuerdo una entrevista en particular. Un hombre había sido ingresado a un centro de salud mental por síntomas de un trastorno psicótico que se diagnosticó como esquizofrenia. En términos policiales, estos eventos se conocen como un 5150 (detención preventiva por salud mental). En particular, el hombre alegaba ver estrellas, galaxias y constelaciones proyectadas en paredes, pisos, techos, la frente de alguna persona, o sobre cualquier cosa. Se relacionaba con estos objetos como si hubieran sido su única realidad, e ignoraba la suya propia. Salía a la calle en la mitad del día sin cuidado alguno, hablando con las estrellas. Ponía su propia vida en riesgo al vivir en otra dimensión. Antes de su enfermedad, había sido un ávido astrónomo aficionado. Podía nombrar las diversas formaciones estelares que veía, así como la ubicación precisa de aquellos objetos. Era una obsesión psicótica, pues no podía concentrarse en otra cosa.

Sin embargo, durante la entrevista con el abogado, el paciente negó haber tenido esas experiencias en los últimos meses. Había estado tomando sus medicamentos regularmente. Parecía bien orientado en el tiempo y en el espacio, cuando respondía a las preguntas del abogado. La recomendación del médico también fue positiva. Tras una breve felicitación, el abogado le dijo que recomendaría su liberación inmediata. El hombre estaba feliz. El abogado fue el primero en salir de la sala, y cuando yo me preparaba para salir también, el hombre tocó suavemente mi brazo. Susurrando, me dijo maravillado: «¡Señor! ¿Cómo logra usted que las estrellas de Orión salten de una de sus piernas a la otra?». El abogado oyó el murmullo, y dándose vuelta, me preguntó: «¿Qué acaba de decir el señor?».

Obviamente, estaba viendo estrellas. Sin embargo, en cierta ocasión, también Abraham, el padre de la fe, vio estrellas. Incluso las contó. ¿No era eso una mayor locura? ¡Además estaba oyendo la voz de Dios! Le decía que su descendencia sería tan numerosa como esas estrellas. No obstante, «Abraham creyó a Dios, y por eso Dios lo declaró justo» (Romanos 4:3 NBV).

Eso ya es perder totalmente la cordura. Si Abraham hubiera sido un hombre de ciencia, según los estándares actuales, la historia bíblica sería diferente. Habría hecho ciertas preguntas pertinentes con mucha más lógica que tan solo «creer». ¿Había nuevas estrellas en formación que no podía ver, ni mucho menos contar? Y ¿qué de la radiación de microondas, en el trasfondo? ¿No implica eso la coherencia de la teoría del Big Bang? «Quiero saber exactamente cómo, cuándo, y cuántas. Y explícame eso de la expansión del universo. ¿Cuándo se extinguirá?». Ciertamente, un hombre de ciencia habría querido obtener esas respuestas antes de concluir que, por solo creer, Dios lo consideraría justo. Pensar de otro modo, ¿no habría sido arriesgarse a un 5150?

No obstante, la manera en que Dios declara justos a los pecadores solo por gracia a través de la fe va mucho más allá de los cálculos matemáticos y las observaciones astronómicas. «Pues la locura de Dios es más sabia que la sabiduría humana, y la debilidad de Dios es más fuerte que la fuerza humana» (1 Corintios 1:25 NVI). En otras palabras, el 5150 de Dios es más cuerdo que toda la cordura humana. Y ¿cuál es el 5150 de Dios? ¡La locura del evangelio! Creer —contra toda prueba y evidencia en nuestro interior— que los pecadores somos declarados justos por la sola palabra de Dios. Pero, para nosotros los que perecemos, ¡esa locura de Dios nos hace ver estrellas, galaxias y nebulosas por todos lados! Sin embargo, es por medio de esa locura que Dios restaura plenamente la cordura de la humanidad, y para siempre, sin ninguna sombra de duda.

¿La única prueba? La sangre de Cristo, vertida en la cruz del Calvario, no por sí mismo, sino por nosotros, pecadores locos que andamos entre nubes y barrizales. Esta es la locura más cuerda en la cual se fija nuestra esperanza. Y aunque la sabiduría humana lo considere un motivo para reportarnos por un 5150, «Según su promesa, nosotros esperamos un cielo nuevo y una tierra nueva, en los que habite la justicia» (2 Pedro 3:13 LBLA). Y ahora, ¿no será que de puro gozo estás brincando de una galaxia a otra?

Cuando las «chelitas» salen caras

> «Porque hay un solo Dios, y un solo mediador entre Dios y los hombres, que es Jesucristo hombre, el cual se dio a sí mismo en rescate por todos» (1 Timoteo 5–6 RVC).

Con demasiada frecuencia he tenido que traducir la condena de conductores ebrios. Recuerdo lo que dijo un acusado tras el fallo del juez: «Me salieron caras las "chelitas"» (cervecitas). Por lo común, un paquete de seis cuesta unos 6 dólares, y un paquete de doce, unos 9. Pero cuando la persona es condenada por conducir ebria, la «chelita» sale cara: 3584 veces más cara. La abogada amonestaba al acusado: «La multa por conducir ebrio la primera vez es de 1660 dólares. Además, hay otros pagos y recargos. 434 dólares por ficharlo. 150 por daños y perjuicios. 500 por una tobillera electrónica para treinta días de arresto domiciliario. 540 por nueve meses de clases. 300 por su alto nivel de alcohol». ¡Un total de 3584 dólares! Cuando el hombre se daba el gusto, no pensó que le costaría tanto. Y eso no es todo. Se presentó en el tribunal para responder a dos acusaciones por conducir ebrio. La primera, un viernes, al regresar de una noche con sus amigos; la segunda, dos días más tarde, al regreso de un cumpleaños. La abogada multiplicó el costo de la multa por dos: ¡7168 dólares! No había forma de defenderlo. El alcoholímetro arrojó 0,19 % y 0,26 %. El límite es de 0,08 %. Tendría tres años para pagar la multa. Casi 200 dólares mensuales, ganando 800 al mes en los campos agrícolas y manteniendo a tres niños menores de seis años. Cuando se dictó su condena, ninguno de quienes bebieron con él estuvo presente para consolarlo, y mucho menos para pagar su multa. ¿Quién pondría las manos en el fuego por este hombre?

Sin embargo, en el tribunal divino, Dios no conoce empedernidos, ni implacables, ni impenitentes. «Porque hay un solo Dios, y un solo mediador entre Dios y los hombres, que es Jesucristo hombre, el cual se dio a sí mismo en rescate por todos. [...] Dios estaba en Cristo reconciliando consigo al mundo, no tomándoles en cuenta a los hombres sus pecados [...]. Al que no conoció pecado, por nosotros lo hizo pecado, para que nosotros fuésemos hechos justicia de Dios en él» (1 Timoteo 2:5–6 RVC; 2 Corintios 5:19–21 RV60). Nos indigna el borracho del tribunal, pero al final, ante Dios somos iguales. Dios realmente ve nuestro corazón. Nos falta misericordia, gracia y bondad, incluso con nuestros seres queridos. Nos enfadamos por cualquier cosa, reclamamos por todo, siempre queremos salir airosos, y culpamos a los demás para quedar bien nosotros. Estamos ebrios de egoísmo. Sin embargo, tanto al borracho como a nosotros, Dios nos ofrece su gracia en la belleza, pureza y santidad de su Hijo Jesucristo. Es tuya y mía solo por fe. Recibe la gracia del único que ha puesto sus manos en el fuego por ti, y que, aunque seas pecador, hoy te declara justo y sin mancha ante Dios Todopoderoso. Solo porque te ama. Confiesa fe en ese perfecto amor, no importa cuán ebrio de pecado estés. ¡Su Espíritu Santo te dará arrepentimiento, y toda la vida de Cristo se considerará tuya!

¡Mi mamá nunca
me va a perdonar!

> «Mas él fue herido por nuestras rebeliones, molido por nuestros pecados. Por darnos la paz, cayó sobre él el castigo, y por sus llagas fuimos nosotros curados. Todos nosotros nos descarriamos como ovejas, cada cual se apartó por su camino; mas Jehová cargó en él el pecado de todos nosotros» (Isaías 53:4–6 RVR1995).

Tenía razón. Su mamá no la perdonó. Yo traducía a esta menor de edad las palabras del abogado defensor. Él quería convencerla de que, si se portaba bien en el hogar de acogida, podría volver a casa. La niña tenía apenas quince años, pero ya era adicta a las drogas. Su madre la encontró robando dinero de su bolso. Estaban en la cocina cuando la regañó. La niña agarró la sartén más pesada y la descargó con toda su fuerza sobre la cabeza de su madre. Esta cayó inconsciente al piso. La niña corrió gritándole a la vecina que su mamá se había desmayado. Luego quiso convencer a la policía de que a su madre solo le había dado un desmayo. No obstante, las pruebas decían otra cosa. En sus manos tenía el mismo tipo de manteca que aún había en el mango de la sartén. Y ¿el horrible chichón en la cabeza de su madre? Los cargos presentados contra la menor eran graves. Intento de homicidio. Sin embargo, como era menor de edad y se trataba de su primer caso, los cargos se redujeron a una agresión simple. Le darían seis meses de libertad condicional, y si se portaba bien, podría regresar más pronto donde su madre. —Pero mi mamá no me va a perdonar... —No pienses así —decía el abogado—; ella tiene corazón de madre. —Es que usted no conoce a mi mamá; ella no me va a perdonar. Y al final, es culpa de ella, porque no me quería dar el dinero. —Cuando hablamos con la madre, nos dijo llorando: —Ya no puedo más; no puedo controlarla; no puedo hacer nada más por ella. —Y sin ninguna lágrima, firmó el documento renunciando a sus derechos de madre.

No deberíamos creernos mejores que esa niña. En nuestra inmadurez, somos adictos a nuestro propio egoísmo, avaricia, lujuria e ira. Y descargamos toda nuestra furia contra aquel que nos amó, y nos amó hasta el fin. Lo pusimos en una cruz, y tal como la niña, lo culpamos de nuestro pecado: «Tú nos hiciste así»; «a fin de cuentas, somos hijos tuyos», «Dios tiene la culpa de que yo sea así». Sin embargo, él no se cansa de nosotros. Tiene un corazón de padre y madre, y jamás renuncia a su derecho de amarnos. En Cristo, ya nos trajo de vuelta a casa; ya estamos a su lado. «Ciertamente llevó él nuestras enfermedades y sufrió nuestros dolores, ¡pero nosotros lo tuvimos por azotado, como herido y afligido por Dios! Mas él fue herido por nuestras rebeliones, molido por nuestros pecados. Por darnos la paz, cayó sobre él el castigo, y por sus llagas fuimos nosotros curados. Todos nosotros nos descarriamos como ovejas, cada cual se apartó por su camino; mas Jehová cargó en él el pecado de todos nosotros» (Isaías 53:4–6 RVR1995). Podemos descargar nuestra furia sobre él, blasfemarlo, negar su existencia, burlarnos de su cruz, pero lo que Dios hizo en Cristo, ¡hecho está! Él ya respondió en tu favor, y hoy te ama para siempre. Gracias a lo que Cristo hizo en la cruz, jamás podrás pensar —y menos decir— «Nunca me va a perdonar», porque en la cruz ya fuiste perdonado. Confiesa ese amor. Cree en tu corazón que ya has vuelto a casa, ya has sido perdonado, ¡y estás en su casa para siempre!

6

Gracia inesperada

> «El Espíritu de Dios está sobre mí, porque me eligió y me envió para dar buenas noticias a los pobres, para anunciar libertad a los prisioneros, para devolverles la vista a los ciegos, para rescatar a los que son maltratados y para anunciar a todos que: "¡Este es el tiempo que Dios eligió para darnos salvación!"» (Lucas 4:18–19 TLA).

Siempre son momentos de suspenso. Tras deliberar, finalmente el jurado regresa a la sala para dar su veredicto. Solo quienes lo han vivido conocen la agonía de ese momento. Pronto sabrás si te esperan años de encierro en una prisión, o si gozarás de libertad. Si el jurado declara «Inocente», te espera el calor de tu familia, el abrazo de tu esposa, el cariño desbordante de tus hijos. Si el jurado declara «Culpable», te espera el abandono en una prisión, lejos de tu familia, rodeado de maleantes que solo quieren usarte para hacerte daño. Aquel día, el acusado era un joven de unos veinticinco años. Padre de familia, tenía una hija de cuatro años y un niño de tres. Había sido acusado de homicidio. Las pruebas de la fiscalía no parecían contundentes. No había gozado de un abogado particular con peritos e investigadores, pero siempre había conservado la esperanza de un veredicto de «Inocente». El fallo lo arrolló como un tsunami: «Culpable». Sentencia: Ocho años de prisión. Algunos días después, una señora de la comunidad que había seguido su caso se presentó inesperadamente en la cárcel para visitarlo. «He traído a tu esposa y a tus hijos para que te visiten. Te darán permiso para estar con ellos varias horas». «Pero ¿quién es usted? ¿Por qué está haciendo esto?». «Eso no importa; no pierdas tiempo pensando en eso; tu familia te está esperando». La benefactora fue constante y siempre fue a visitarlo con su familia. Al cabo de seis años, el joven quedó en libertad. Regresó a su hogar, su benefactora le había encontrado un trabajo, y hoy está totalmente rehabilitado.

Hace cerca de dos mil años, un joven desconocido se presentó ante la familia humana y proclamó: «El Espíritu de Dios está sobre mí, porque me eligió y me envió para dar buenas noticias a los pobres, para anunciar libertad a los prisioneros, para devolverles la vista a los ciegos, para rescatar a los que son maltratados y para anunciar a todos que: "¡Este es el tiempo que Dios eligió para darnos salvación!"» (Lucas 4:18–19). Este desconocido vino no solamente a visitarnos y a consolar a la familia humana con su compasión por los pobres, los abandonados y los enfermos. También vino para ocupar nuestro lugar en la sentencia de muerte que pendía sobre nosotros en la cárcel de este mundo. Con el poder de su inocencia abrió las puertas de la cárcel de la muerte, y con su resurrección nos abrió de par en par las puertas del cielo, que nunca se cerrarán a ningún creyente, cualquiera sea su clase social, género, etnia o lugar de origen. Por fe, hoy podemos vivir libres de condenación, del temor de la muerte, y de todas las mentiras que se puedan decir contra nosotros. En él tenemos una nueva familia, la familia de todos los perdonados. Hace dos mil años, su visita nos tomó por sorpresa, y del mismo modo, hoy muchos se sorprenden cuando escuchan esta buena nueva. «He venido a visitarte. Te traigo una nueva familia. Traigo pan fresco para tu vida, y agua pura y eterna para que bebas. Mira, te abro las puertas de la cárcel para que vengas conmigo. Ven, sígueme. Y sí, tengo para ti una ocupación que te dará mucha satisfacción. No es para que me pagues lo que he hecho por ti —jamás lo lograrías—: ¡cuéntales a otros cuán grandes cosas Dios ha hecho por ti!».

El delito [casi] perdonado

> «Yo, yo soy el que borro tus rebeliones por amor de mí mismo, y no me acordaré de tus pecados»; «No hay otro Dios como tú, porque tú perdonas la maldad y olvidas las rebeliones. [...] Ten otra vez compasión y sepulta nuestras maldades. Arroja nuestros pecados a las profundidades del mar» (Isaías 43:25 RV60; Miqueas 7:18–19 DHH).

La sala del tribunal estaba repleta. No había lugar para acompañantes, solo para los acusados. Hoy sería la instrucción de cargos. La abogada defensora tomó su lugar para instruir a los encausados. Al final, añadió: «Hay un programa que la fiscalía ofrece para quien esté interesado en eliminar ciertos delitos menores de su expediente. Se llama Sentencia Postergada. Si usted se declara culpable de la acusación, participa en una clase de seis horas, paga una multa, y no incurre en ningún otro problema con la ley durante los próximos tres meses, esta acusación desaparecerá de su registro. Se borrará totalmente. Sin embargo, preste atención: si usted es un extranjero indocumentado, o no es ciudadano, no le servirá ir al programa. Al haberse declarado culpable de un delito menor, seguirá teniendo problemas con inmigración. Los cargos son desestimados en el ámbito estatal, pero no en lo que respecta al gobierno federal. Si usted está en esa categoría, es mejor que NO vaya al programa. En vez de eso, pida hablar con un defensor de oficio». En resumen, el delito quedaba casi borrado. Ese día, un indocumentado acusado de conducir sin licencia se presentó ante el juez. La fiscalía le ofreció el programa de Sentencia Postergada, pero el acusado hizo caso y pidió un abogado defensor. La abogada, mirando rápidamente el expediente, dijo al juez: «Su Señoría, solicito que el caso se borre en razón de su antigüedad». Esa demanda se había interpuesto años atrás, y la fiscalía nunca lo había enjuiciado. Por tanto, merecía que el caso se borrara. El juez concedió la solicitud, y el acusado, atónito, salió de la sala dando gracias a Dios, a la abogada, y saludando a todos. ¡Muy feliz! Ni programa, ni multa. Salió sin deber un centavo. Defendido por la abogada, amparado por la ley, perdonado por el juez. No quedó registro alguno, ni para el Estado, ni para el gobierno federal. Salió gozando de su libertad.

En el tribunal divino, todos somos acusados de graves delitos que merecen la pena de muerte. Sin embargo, el Juez eterno tomó nuestros pecados y los condenó en el cuerpo de Cristo. Él fue castigado por nosotros para que no quedara registro alguno de nuestros pecados; ni de los más chicos, ni de los más graves. La Escritura dice: «Yo, yo soy el que borro tus rebeliones por amor de mí mismo, y no me acordaré de tus pecados» (Isaías 43:25 RV60). «No hay otro Dios como tú, porque tú perdonas la maldad y olvidas las rebeliones de este pueblo [...] Ten otra vez compasión y sepulta nuestras maldades. Arroja nuestros pecados a las profundidades del mar» (Miqueas 7:18–19 DHH). En la cruz y en el cuerpo inocente de Cristo, Dios oyó nuestra oración. ¿Quieres aceptar su perdón, o prefieres hacer el programa y pagar por tu propia cuenta? Intentarás pagar, pero siempre quedarás debiendo; así de inmensa es tu deuda. No obstante, si aceptas el perdón del Juez, vivirás feliz y agradecido. Podrás también sepultar las ofensas de otros —cometidas contra ti— en el mar de la gracia de Dios. No hay mayor libertad que la de perdonar y olvidar. Ven hoy a la gracia del perdón de Dios. Con Dios no existen los delitos «casi» perdonados. ¡Todos tus delitos quedarán borrados completamente y para siempre!

8

No fui yo, fue otro

> «No nos ha castigado conforme a lo que merecemos por todos nuestros pecados, porque su misericordia para los que le temen es tan grande como la altura de los cielos sobre la tierra. Ha arrojado nuestros pecados tan lejos de nosotros como está el oriente del occidente» (Salmo 103:10–12 NBV).

Era un joven de diecinueve años. Hacía pocos días, había llegado al país del norte lleno de esperanzas y ambiciones. Una noche, según él relata lo sucedido, no podía conciliar el sueño. Escuchó ruidos afuera de la ventana. Al mirar, a la luz de la luna llena, pudo ver que un ladrón entraba por la ventana abierta de la casa de los vecinos. Alarmado, bajó por su propia ventana y se introdujo por la ventana abierta de la casa en que había entrado el maleante. Quería atraparlo con las manos en la masa. Mientras tanto, el dueño de la casa se había despertado. Habiendo oído ruidos en el primer piso, llamó al 911. El ladrón se espantó y se fugó por la puerta trasera. El joven que lo perseguía quiso alcanzarlo, pero tropezó contra un mueble, doblándose el tobillo, y quebrándose un par de dedos de uno de los pies. No pudo continuar la persecución. En instantes, la policía llegó y lo halló infraganti, en casa ajena, con una ventana abierta y las huellas de sus propios pies como evidencia. Por más que protestó que él tan solo estaba persiguiendo al verdadero maleante, fue arrestado por escalamiento y allanamiento de un domicilio habitado.

Un delito grave con varios años de prisión. «No fui yo, fue otro, yo solo lo venía persiguiendo, el verdadero ladrón se escapó y, ahora mismo, se está burlando de la ley». «Créame», le decía a su abogado, «no fui yo, fue otro, yo solo quería atraparlo; créame, créame, no lo dude». El abogado defensor le aseguró que efectivamente le creía. «Lo importante es que el *jurado* te crea cuando cuentes tu historia el día del juicio».

Sin embargo, en el tribunal divino, hay Otro que declara totalmente lo contrario. «¡Fui yo, no fuiste tú!». El Hijo de Dios, Jesús el Cristo, se echa la culpa para que tú y yo seamos declarados totalmente libres de culpa. «Porque también Cristo padeció una sola vez por los pecados, el justo por los injustos, para llevarnos a Dios» (1 Pedro 3:18 RVC). «Dios es misericordioso y compasivo, es lento para enojarse y está lleno de amor. No nos acusa constantemente, ni permanece enojado para siempre. No nos ha castigado conforme a lo que merecemos por todos nuestros pecados, porque su misericordia para los que le temen es tan grande como la altura de los cielos sobre la tierra. Ha arrojado nuestros pecados tan lejos de nosotros como está el oriente del occidente. El Señor es para nosotros como un padre, compasivo para con los que le temen. Porque él sabe lo débiles que somos, sabe que somos polvo» (Salmo 103:8–14 NBV). El que nos acusa es otro. Pero cuando Cristo tomó nuestro lugar en la cruz, fue él quien quedó señalado como el culpable. Nuestras culpas cayeron sobre él. «Mas él herido fue por nuestras rebeliones, molido por nuestros pecados: el castigo de nuestra paz fue sobre él; y por su llaga fuimos nosotros curados» (Isaías 53:5 RV60). Hoy, en Cristo, Dios te dice: «Yo fui, no fuiste tú; créeme, créeme, no lo dudes jamás. Yo he tomado tu lugar. Te declaro libre, justo, santo y bueno». «Señor, si tú tomaras en cuenta nuestros pecados, ¿quién podría seguir vivo? Pero tú ofreces perdón, para que aprendamos a temerte» (Salmo 130:3–4 NBV). ¿Le crees? Si no, serás juzgado por tu incredulidad. Porque «todo lo que no es de fe, es pecado», pero al que cree, ¡su fe le es contada por justicia! (Romanos 14:23 RVA; 4:5 Paráfrasis del autor).

9
¿Por qué se enoja el juez?

> «Dios no envió a su Hijo para condenar al mundo, sino para salvarlo por medio de él. El que cree en el Hijo único de Dios no será condenado, pero quien no cree en él ya está condenado» (Juan 3:17–18 NVI).

Siempre quedo asombrado; atónito. Las buenas nuevas son más difíciles de creer que las malas. Hay ciertas acusaciones criminales que pueden incluso ser perdonadas por el propio juez. La mayoría lo son porque la fiscalía tardó más de un año en enjuiciar al acusado. Cuando estos acusados se presentan ante el juez, los espera una buenísima noticia. «El juez desestimará los cargos en su contra debido a la antigüedad del caso». No obstante, el acusado siempre está pensando en cómo defenderse y qué pretextos usar. Ese día, el acusado me susurró al oído: —Sabía que tarde o temprano me iban a pillar, pero si ahora le digo al juez que voy a pagar todo, y hasta más de la cuenta, tal vez me perdone. —El juez, sin drama alguno, le dice que, por su propia autoridad, va a retirar los cargos, pero el acusado no presta atención; solo piensa en su sentido de culpa. Se dirige a mí mientras yo interpreto la diligencia: —Dígale al juez que voy a pagar, que me dé «chance». —El juez, que ya ha llamado al siguiente nombre, se incomoda: —Dígale al acusado que ya desestimé los cargos. —Pero el acusado no se mueve. —Señor juez, entonces ¿cuánto es que tengo que pagar?.

En ese momento, el juez se enoja. —¡Señor, no tiene cargos en su contra! Retírese de la sala, ¡no hay nada contra usted! —Pero, dígale al juez que ahora sí estoy trabajando y puedo pagar. —¿Que no entendió? Yo mismo desestimé los cargos en su contra. ¿Qué le pasa, quiere que lo encierre? —No, señor juez; por eso quiero pagar. —Finalmente, el juez no tolera más: —¡Alguacil! ¡Saque a este acusado antes de que lo encierre para que cumpla la sentencia que merece!

La palabra de Dios tiene un mensaje similar, pero de consecuencias eternas para nosotros. El Juez de todo ser humano dice: «Yo, sí, yo solo, borraré tus pecados por amor a mí mismo y nunca volveré a pensar en ellos» (Isaías 43:25 NTV). En la cruz, en el cuerpo de Cristo, Dios cumplió su promesa. En el cuerpo quebrantado de Jesús, nuestros pecados fueron borrados. Él los llevó en su cuerpo; sufrió toda la condena de la muerte para que nuestro Padre, por su propia iniciativa, dictara su palabra de perdón sobre nosotros. Pero ¿le creemos al Juez eterno? ¿Aceptamos su perdón por la sangre de su Hijo, o seguimos preguntándole cuánto le debemos? «Dios no envió a su Hijo para condenar al mundo, sino para salvarlo por medio de él. El que cree en el Hijo único de Dios no será condenado, pero quien no cree en él ya está condenado» (Juan 3:17–18 Paráfrasis del autor).

La verdadera ira del Juez eterno no es por lo que hiciste, sino porque, cuando te dice que te perdona, no le crees. No creer en su perdón es nuestro peor pecado. Creer en su perdón es hacerlo feliz, pues la muerte de su Hijo no fue en vano. Te salvó a ti y a mí. ¿Lo crees, o quieres pagar todo lo que debes?.

10
El día más feliz

«Debido a que somos sus hijos, Dios envió al Espíritu de su Hijo a nuestro corazón, el cual nos impulsa a exclamar "Papi, Papá". Ahora ya no eres un esclavo sino un hijo de Dios, y como eres su hijo, Dios te ha hecho su heredero» (Gálatas 4:5-7 Paráfrasis del autor).

Los tres niños entraron a la sala soltando esas pequeñas carcajadas inocentes que solo pueden salir de corazoncitos felices. Un niño de cinco años, otro de cuatro, y una niña de dos. Hacía apenas dieciocho meses, todos habían sido víctimas de violencia en el hogar a manos de sus padres. Ahora, esos padres estaban purgando años de cárcel por traicionar la confianza de sus hijos con violencia. Sin embargo, ese día, detrás de los niños venía una pareja ya entrada en sus cincuenta años. Las líneas de sus rostros delataban décadas de trabajo al sol en los campos agrícolas. Cuando todos se sentaron a la mesa delante del juez, los niños se subieron a las piernas de la pareja que, a partir de hoy, serían sus padres adoptivos. El niño de cuatro años jugaba con las mejillas de su papá e intentaba peinar sus cabellos ya grises. La niña se recostaba contra el pecho de la mamá mientras esta le arreglaba los rizos del cabello. El jovencito de cinco años saludaba al juez, en la tribuna. El proceso fue breve. Los padres firmaron los documentos de adopción, y luego el juez leyó el decreto y les tomó el juramento: «Los niños adoptados serán tratados y considerados como si fueran hijos biológicos de los padres adoptivos. Tendrán todos los derechos de tales, incluyendo el derecho de herencia. Los nuevos nombres de los niños serán...». Y cuando el juez leyó en voz alta el nombre de los niños, cada uno rio con el gozo de haber escuchado su nombre en la voz de un hombre tan importante. Ninguno tenía la menor idea de lo que legalmente había sucedido. Sin embargo, su futuro había quedado asegurado por el amor de estos nuevos padres.

Las Sagradas Escrituras testifican que Dios envió a Jesucristo «para que comprara la libertad de los que éramos esclavos [...] a fin de poder adoptarnos como sus propios hijos; y debido a que somos sus hijos, Dios envió al Espíritu de su Hijo a nuestro corazón, el cual nos impulsa a exclamar "Papi, Papá". Ahora ya no eres un esclavo sino un hijo de Dios, y como eres su hijo, Dios te ha hecho su heredero» (Gálatas 4:5–7 Paráfrasis del autor). En la cruz, Jesucristo nos abrazó como sus propios hijos. Pagó el precio supremo por adoptarnos, y ni siquiera nos preguntó si queríamos ser sus hijos. Tal como esos niñitos, en el tribunal, desconocían lo que sus nuevos padres habían jurado para favorecerlos, nosotros desconocíamos que él se había hecho cargo de nuestro futuro eterno. Al morir por nuestros pecados y resucitar al tercer día, Jesucristo firmó con su sangre como garante de nuestro futuro, eternamente amados por él. Por medio de él somos herederos de todo lo que hay en el universo, y para siempre. Y pensar que alguna vez supusimos que no valíamos nada... ¿Lo crees? Confiesa en tu corazón que tienes un nuevo Padre, Madre, un nuevo hogar, y una nueva familia que te amará y nunca te abandonará, por toda la eternidad. Sin que lo pidieras, sin que lo supieras. Ese regalo es tuyo. Recibe el abrazo de tu nuevo Padre celestial, y de tus nuevos hermanos y hermanas en la familia de los adoptados.

El matrimonio anulado

«Con amor eterno te he amado; por eso te sigo con fidelidad»; «Cristo amó a la iglesia y se entregó por ella [...] para presentársela a sí mismo como una iglesia radiante, sin mancha ni arruga ni ninguna otra imperfección [...]. Esto es un misterio profundo; pero yo me refiero a Cristo y a la iglesia» (Jeremías 31:3 NVI; Efesios 5:25–27, 32 NVI).

Un caballero de unos cuarenta años se presentó ante el tribunal para solicitar la anulación de su matrimonio. —¿La razón? —preguntó el juez. —No estaba en mis cabales cuando me casé. —Casi nadie está en sus cabales cuando se casa, señor —bromeó el juez—. ¿Por qué su locura fue diferente? —Ocurrió hace veintidós años. Había ido a Las Vegas para celebrar mis dieciocho años con unos amigos. Allí nos encontramos con unas chicas. Una de ellas me cayó bien, todos parrandeamos y tomamos hasta emborracharnos. Una de las amigas sugirió que llamáramos a un payaso de paga para que nos casara. ¡Ja, ja! ¡A todos nos gustó la broma! Al poco rato llegó, también borracho, y como si fuera un gran chiste, nos persignó, echó la bendición, y nos declaró casados. El payaso nos cobró una botella de whisky, y la tomamos entre todos hasta que caímos de sueño por la borrachera. La muchacha se fue antes de que me despertara, y nunca más la volví a ver. Para mí, todo fue una broma. —La broma le salió cara —comentó el juez. —El hombre prosiguió: —Y es que ahora sí me quiero casar. Y cuando fui a la municipalidad por el permiso, me llevé la sorpresa de que no había sido ninguna broma. El payaso había dado mis datos en la secretaría y quedé registrado como casado...

Aparte de comentar lo obvio —que con el matrimonio no se juega, ni en la juventud ni en la vejez—, en el tribunal divino, siglos atrás, se declaró un matrimonio muy disparejo. Jesús, el Hijo de Dios, Soberano Rey y Creador del universo, tomaría por esposa a un planeta rebelde, incrédulo, desquiciado, blasfemo, perverso, criminal, y encaminado a la destrucción de su propio hogar terrenal. A la novia (nosotros) todo le ha parecido un cuento de hadas; una locura. Le hemos dado la espalda al Esposo, y nos hemos dado a la borrachera con innumerables vicios, de los cuales los peores han sido la avaricia, el odio y la codicia. ¿La reacción del Esposo? Fidelidad. «Con amor eterno te he amado; por eso te sigo con fidelidad [...]. ¿Hasta cuándo andarás errante, hija infiel? El Señor creará algo nuevo en la tierra, la mujer regresará a su esposo» (Jeremías 31:3, 22 NVI). El enamorado busca ganarse el corazón de su amada dándole una gran prueba de su amor. Eso fue lo que Jesucristo hizo en la cruz. Allí tomó todas las culpas y pecados de los habitantes del planeta tierra, y para limpiarlos, los asimiló en su ser y murió por ellos. Ese gran amor nos deja atónitos, sin palabras, y nos mueve hacia él. Está predicho; no debemos poner más resistencia: «La mujer regresará a su esposo». «Cristo amó a la iglesia y se entregó por ella [...] para presentársela a sí mismo como una iglesia radiante, sin mancha ni arruga ni ninguna otra imperfección [...]. Esto es un misterio profundo; pero yo me refiero a Cristo y a la iglesia» (Efesios 5:25–27, 31–32 NVI). Mira las cicatrices en sus manos. Con ellas firmó el certificado de matrimonio. No es ninguna broma. Le pertenecemos desde hace siglos. ¡Es un matrimonio que nunca se anulará!

El dolor de la condena

«Porque también Cristo murió por los pecados una sola vez, el justo por los injustos, para llevarnos a Dios»; «Por tanto, ahora no hay condenación para los que están en Cristo Jesús» (1 Pedro 3:18 LBLA; Romanos 8:1 NBLA).

Esa tarde, un joven de veinticinco años sería condenado a veinticinco años de prisión. Nuestras miradas se cruzaron. Lo que veía en esos ojos era desesperación; angustia. Parecía que su alma lloraba a gritos. Muy fríamente, el abogado defensor me pidió que le dijera que sería sentenciado a veinticinco años de prisión. Los ojos del joven se humedecieron y sus párpados comenzaron a temblar. Bajó el rostro ante el peso de la noticia. El juez dictó la sentencia. Yo traducía intentando mitigar el drama personal de este joven. ¿Cómo decirle a alguien de esa edad que perderá el resto de su juventud en una cárcel? Esos son los años que un joven aprovecha para educarse, iniciar una carrera, gozar de ser papá, festejar cumpleaños, o disfrutar de algún deporte. Este joven perdería todo eso. Le pregunté si había familiares suyos en la sala. Con el rostro, señaló a una mujer también joven, de aspecto pálido. Sin embargo, el rostro de ella no expresaba lástima, sino furia. Por cuatro años, este joven había estado abusando sexualmente de dos sobrinas de su esposa. Cuatro vidas afectadas. Las niñas, que perdieron su inocencia; el joven, que perdería su futuro a la incierta suerte del reclusorio; y su joven esposa, que sufría tantas emociones encontradas: traición, lástima, ira, y la pérdida de sus más bellas y puras ilusiones: tener un hogar y una familia con un joven al cual alguna vez se atrevió a querer. Sentí dolor por la condena que lo hundiría en la inmundicia del reclusorio, pero bien que se lo merecía.

¿Qué siente Dios ante la condena por nuestros pecados? La Escritura dice: «No me complazco en la muerte del impío» (Ezequiel 33:11 LBLA). No importa que nuestros pecados parezcan «pecadillos» comparados con las monstruosidades de los abusadores de menores. Ante Dios, toda ofensa, por pequeña que sea, es una falta a su ley de amor, y esa misma ley nos condena a vivir separados de Dios, a la miseria de vivir sin amar ni ser amados por toda la eternidad. Dios siente un profundo dolor al vernos condenados a esa horrible suerte. Por eso dispuso condenarnos en otra persona, en su Hijo, lo cual también le causó un dolor y una agonía profundos, pues Jesús es su Hijo amado en quien se goza. Sin embargo, prefirió que su Hijo sufriera nuestra condena en lugar de dejarnos abandonados a la horrible suerte de vivir y morir sin él. «Porque también Cristo murió por los pecados una sola vez, el justo por los injustos, para llevarnos a Dios» (1 Pedro 3:18 LBLA). Dios, nuestro Padre, prefirió que hubiera una sola víctima en lugar de millones de millones de sus criaturas abandonadas por toda la eternidad en el peor reclusorio imaginable: vivir y morir sin esperanza, sin amor, y sin afecto, acompañados solo por nuestros peores remordimientos. «Por tanto, ahora no hay condenación para los que están en Cristo Jesús» (Romanos 8:1 NBLA). En el momento en que el Juez eterno dicta tu justa condena, Jesús se interpone y la recibe en tu favor. ¿Por qué? Porque te ama, y Dios no puede vivir sin ti. Déjate amar por él. Ese amor es para ti, no importa cuántas voces te digan lo contrario.

13

¿Robo, o cambio de identidades?

> «Él fue traspasado debido a nuestra rebeldía. Fue magullado por las maldades que nosotros hicimos. Él sufrió en nuestro lugar, y gracias a sus heridas recibimos la paz y fuimos sanados» (Isaías 53:5, 6, 8 PDT) .

Uno de los delitos que causa más indignación es el robo de identidad. Sin embargo, no estamos hablando de robar tarjetas de crédito o cuentas bancarias usando computadoras. Existe otro robo de identidad, más sencillo y perverso. Cuando la policía detiene a un sospechoso por conducir ebrio, este no da su verdadera identidad. No trae licencia de conducir, así que da otro nombre: el de un pariente cercano (tú). El policía ordena al sujeto presentarse en el tribunal en una cierta fecha. Ese día, por supuesto, el mentirosito no se presenta. Eres tú quien debe presentarse, pero estás tranquilo, en tu trabajo. Desconoces que hay una citación judicial a tu nombre. Debes presentarte ante el tribunal y responder por un delito. No sabes nada de lo que está sucediendo tras bambalinas. Pero puesto que no te presentas ante el tribunal, el juez expide una orden para tu captura. La policía va y te busca. Si así lo desean, te arrestan y te llevan a la cárcel. Si tienes suerte, te dejarán libre, pero te darán una citación y tendrás que presentarte ante el tribunal. Sin embargo, te dio un ataque de nervios, casi te desmayaste, se te resecó la boca, y además estás muy molesto por lo sucedido. Por más vueltas que le des, no entiendes lo que pasó. Jamás condujiste ebrio y tu registro está totalmente limpio. Alguien robó tu identidad para cometer delitos. Pese a tu inocencia, sufres las consecuencias. Tienes que pagar una multa ajena. ¡Y ni siquiera sabes quién es el culpable! Muchas veces, cuando la policía investiga y arrestan al verdadero delincuente, la verdad es demoledora: ha sido un pariente tuyo. Un primo, una prima, o aun un hermano pudo haber cometido el delito, ¡y se hizo pasar por ti! Este robo de identidad rompe las relaciones familiares, y fomenta todo tipo de odio y desconfianza entre personas que se amaban y respetaban.

La Escritura afirma que hubo otro que asumió nuestra identidad, pero para nuestro bien. En su vida y en la cruz, Jesucristo adoptó nuestra identidad —no de buenos, sino de malos y pecadores—, y recibió la justa condena de Dios en nuestro lugar. La Biblia dice: «Cristo nunca pecó. Pero Dios lo trató como si hubiera pecado, para declararnos inocentes por medio de Cristo» (2 Corintios 5:21 TLA). Delante de Dios, Jesús intercambió su identidad con nosotros. Nos quitó nuestra identidad de pecadores, y nos dio su identidad de inocente, santo y puro. De esa manera, cuando Dios nos llama a su santo tribunal, nos declara justos e inocentes; merecedores de la vida eterna. No por causa de nuestras vidas, sino por la justa, santa y perfecta vida de su amado Hijo. «Porque Cristo mismo sufrió la muerte por nuestros pecados, una vez para siempre. Él era inocente, pero sufrió por los malos, para llevarlos a ustedes a Dios» (1 Pedro 3:18 DHH). Nuestro perdón tuvo un alto costo. No para nosotros, sino para él. «En realidad él fue traspasado debido a nuestra rebeldía. Fue magullado por las maldades que nosotros hicimos. Él sufrió en nuestro lugar, y gracias a sus heridas recibimos la paz y fuimos sanados» (Isaías 53:5, 6, 8 PDT). Cualquiera que intente conservar su identidad, la perderá; y cualquiera que la sustituya por la de Cristo, la salvará (según Lucas 17:33 Paráfrasis del autor).

Cuando los ositos de peluche lloraron

«Nos predestinó para ser adoptados como hijos suyos por medio de Jesucristo, según el buen propósito de su voluntad» (Efesios 1:5 NVI).

La sala del tribunal estaba lista. Había sido decorada con nubecitas de algodón que colgaban de las lámparas. También había figuras de loritos, lechuzas, leones, jirafas, cochecitos de carrera, barquitos de vela, todo tipo de avioncitos, y cintas brillantes. También había todo tipo de muñequitos de peluche preparados para los niños que serían adoptados. Un gran panda, un tigre con rayitas, un mono que colgaba en una de las ventanas, y una enorme orca con rayas blancas y negras. Sobre la mesa de los abogados había un gran pastel de chocolate con decoraciones rosadas, azules, y figuras de animalitos. Esperábamos a tres niños y una niña, de doce, diez, nueve y siete años respectivamente. El juez se paseaba nervioso por un pasillo a la entrada de la sala, y ya llevaba puesta su toga. Los abogados miraban nerviosos por las ventanas hacia el estacionamiento. La secretaria del juez llamaba ansiosamente por teléfono. Se sentía la tensión por la tardanza de la familia. Finalmente, la secretaria hizo un gesto para que el abogado de adopciones cogiera el otro auricular. Yo estaba allí para traducir la ceremonia, pues los niños no hablaban ni entendían el inglés. Ahora, hablaba el abogado: «¿Puede repetir, por favor? ¿No podrán venir hoy? ¿Qué pasó? ¿No tienen transporte? Podemos enviar un vehículo. ¿Que no será necesario? ¿Se han enfermado los niños? ¿No? Entonces, ¿por qué no pueden venir? ¿Cómo? No entendí. Repítalo, por favor. ¿Cómo? ¿Que ustedes van a qué?». Ya los abogados y el juez se habían reunido alrededor del teléfono, tratando de entender. El abogado activó el altavoz del teléfono. Entonces escuchamos la voz del hombre, clara y pausada: «Es que mi esposa y yo nos vamos a divorciar». Enseguida se oyó un clic, y luego, el tono de fin de llamada. Todos nos miramos incrédulos, frustrados y decepcionados. Todos queríamos decir algo. «Eran una pareja perfecta para esos chicos». «¿Por qué ese detalle no salió en la investigación?». «¿Aún hay algo que podamos hacer?». «¿Dónde estarán los niños ahora?». «Sí, enviemos una patrulla para recogerlos. Hay que llevarlos a otro hogar de acogida». La sala volvió a quedar en silencio. Todos miraban los muñequitos de peluche, el monito que colgaba en la ventana, y luego la mesa del pastel. Sin decir nada más, cada uno buscó una silla y guardamos no uno, sino varios minutos de silencio. Finalmente, el juez rompió el silencio. Dirigiéndose a su secretaria, le dijo: «La causa no procede. Se levanta la sesión».

¿Y si Jesús no se hubiera presentado en la cruz para nuestra adopción? ¿Y si hubiera dejado a toda la raza humana esperando a su redentor, al pie de una cruz vacía? ¿Y si en el monte Calvario hubiera aparecido un profeta declarando: «No vendrá, no podrá venir, cambió de planes, se le complicaron las cosas»? «Ha habido un desacuerdo en la Trinidad. El Hijo quiere adoptar a los pecadores solo por gracia; el Padre y el Espíritu Santo quieren poner condiciones. No pudieron llegar a un acuerdo. ¡Qué pena! Cada cual quedará abandonado a su propia miseria, pecado y condenación. La promesa de la Simiente que bendeciría a todas las naciones no se cumplirá. No habrá justificación, ni vida eterna; tampoco perdón de pecados por gracia, ni por fe. Ahí tienen la ley. Hagan lo mejor que puedan con eso. Algunos, tal vez, lograrán cumplirla, pero no hay garantía. Desde ahora, ustedes serán sus propios redentores; sus propios mesías. Usen las Escrituras para ver si logran obtener de ella el poder para vivir vidas perfectas. Es el único camino que les queda. Isaías 53 fue un gran error de la inspiración. Las cosas no sucederán así. La Simiente no será herida por sus transgresiones; no será traspasado por sus pecados ni molido por sus iniquidades. Todo fue un malentendido. No habrá grito de "consumado es"; deberán consumarlo ustedes mismos. Tampoco habrá sepultura en una tumba. Cada uno deberá morir a su propio pecado; nadie quedará vivo. Y cuando la muerte los sorprenda, bueno, esperen haber hecho lo mejor. Luego, traten de resucitar al tercer día; sencillamente declaren que tienen el poder de hacerlo, y veremos si eso funciona. Y si lo logran, ojalá puedan saltar para traspasar los cielos y llegar a la presencia de Dios sin tacha ni mancha alguna. Preséntenle su justicia, a ver si la acepta. Lávense las manos de toda maldad, y los corazones de toda impureza, sin dejar la menor mancha de pecado…». Y muchas cosas más. A estos profetas nunca se les acaban sus consejos y advertencias.

Pero Jesús sí se presentó. Ese es el testimonio de las Escrituras. «Pero cuando se cumplió el tiempo señalado, Dios envió a su Hijo, que nació de una mujer y sujeto a la ley, para que redimiera a los que estaban sujetos a la ley, a fin de que recibiéramos la adopción de hijos» (Gálatas 4:4–5 RVC). «El tiempo se ha cumplido, y el reino de Dios se ha acercado. ¡Arrepiéntanse, y crean en el evangelio!» (Marcos 1:15 RV60). «Nos predestinó para ser adoptados como hijos suyos por medio de Jesucristo, según el buen propósito de su voluntad» (Efesios 1:5 NVI). En la cruz, él firmó nuestro certificado de adopción sin presentarnos un listado de precondiciones ni requisitos de ningún tipo. Él cumplió todas las condiciones en nuestro favor. Cumplió todo el proceso de adopción por su propia cuenta. Nos ha declarado sus hijos adoptivos, para siempre. No incumplirá su palabra, porque esta es también la palabra del Padre y del Espíritu. Y todos, en conjunto, dicen a una voz: «Ven». Por fe, ya hemos entrado a la sala judicial del trono celestial. No para ser adoptados, sino para recibir nuestro certificado de adopción, con nuestro nombre nuevo, y luego, ¡a disfrutar del banquete! Toda la familia celestial del cielo y de la tierra estará presente. No habrá muñequitos de peluche, ni luz, ni sol, ni luna, ni estrellas, pues el Cordero mismo será nuestro eterno refugio. Y sus hojas, las hojas del árbol de la vida, que es la cruz, serán para nuestra completa y eterna sanidad, y la sanidad de todas las naciones.

15

No se puede romper el sello

> «Tú eres digno de tomar el rollo y de romper sus sellos, porque fuiste sacrificado; y derramando tu sangre redimiste para Dios gentes de toda raza, lengua, pueblo y nación. [...] Al que está sentado en el trono, y al Cordero sea la honra, la gloria y el dominio por los siglos de los siglos» (Apocalipsis 5:9, 13 RV60).

El abogado defensor se puso al lado de su clienta, frente al juez. Estaba presentando una petición para romper el sello de un escrito acusatorio: la orden de cateo. Meses antes, la policía, amparada por esta orden, había registrado el negocio y varias propiedades de la acusada. En una de las casas que alquilaba, encontraron varias cajas de cocaína, heroína, y otros estupefacientes, empaquetados para su venta y transporte. Hallaron mercancía similar en el negocio que estaba a su nombre. Por lo tanto, el ministerio público la acusaba de transporte y venta de estupefacientes. Eran delitos graves que se castigaban con varios años de cárcel. Pero ¿quién la había acusado? ¿Quién había puesto la denuncia? ¿Quién sabía qué? El abogado necesitaba esa información para defenderla. Sin embargo, todo estaba sellado. El sello indicaba que la presencia de toda esa mercancía había sido denunciada por personas que la acusada conocía bien. El juez había sellado la orden de cateo para proteger a los informantes. El abogado defensor le insistía al juez que era imposible defender los derechos de su clienta sin acceso a esa información. El juez respondió que podía revisar la petición inicial para ver si le era lícito romper el sello. La sesión entró en receso mientras el juez estudiaba el escrito. Pocos minutos después, el juez anunció su decisión: «No puedo romper el sello. La información es muy delicada. Se reserva solo para el día del juicio».

De igual manera, en el tribunal divino hay un escrito sellado. Contiene los nombres de todos los individuos que han vivido, viven y vivirán sobre este planeta. De modo que allí también está nuestro nombre. Contiene toda la historia de nuestra vida. Contiene todo lo malo que hemos hecho, así como cada pretexto con que hemos actuado; contiene hasta las malas intenciones con que hicimos aquello que nadie podría imaginar. Contiene todo lo que pensamos contra todos, aun contra nuestros seres más queridos. Ese escrito contiene la verdad de nuestra vida. Sin embargo, en ese escrito están también los nombres de todos los perdonados. Es el escrito más importante del universo. Es el que más quisiéramos ver. El apóstol Juan lloró sin consuelo al ver que este escrito estaba sellado, y nadie podía abrirlo. Todos rogaban a Dios que se abriera, pero no se halló a nadie digno de romper los sellos. Finalmente, se oyó una voz que se dirigió a Jesucristo, el Cordero, exclamando: «Tú eres digno de tomar el rollo y de romper sus sellos, porque fuiste sacrificado; y derramando tu sangre redimiste para Dios gentes de toda raza, lengua, pueblo y nación» (Apocalipsis 5:9 RV60). El Cordero rompió los sellos de ese escrito. Entre los perdonados, vio tu nombre. No porque fueras digno, sino porque él lo es, y tuvo misericordia de ti. Cantemos juntos la alabanza: «Al que está sentado en el trono, y al Cordero, sea la alabanza, la honra, la gloria y el dominio por los siglos de los siglos» (Apocalipsis 5:13 LBLA).

16
Se me hizo fácil agarrarlos

> «Porque la paga del pecado es muerte, mas la dádiva de Dios es vida eterna en Cristo Jesús, Señor nuestro»; «Dios muestra su amor para con nosotros, en que siendo aún pecadores, Cristo murió por nosotros» (Romanos 6:23; 5:28 RV60).

La joven llegó al tribunal retorciéndose las manos y mirando furtivamente de un lado a otro. Una vez que le traduje al español las instrucciones del juez, me preguntó si pensaba que el juez la encerraría. Me abstuve de comentarle mis sospechas. Cuando el juez la llamó, se puso de pie secando las lágrimas de sus ojos húmedos y enrojecidos. El juez leyó los cargos contra ella. «Allanamiento de morada con intención de delinquir, robo, y cambio de cheques con firma falsificada y sin suficientes fondos en el banco». Todos eran delitos graves, cada uno con una pena máxima de tres años en la penitenciaría. En total, nueve años de cárcel. El juez le concedió los servicios del abogado de oficio, y fuimos a entrevistarla. «¿Qué pasó?». «Es que soy madre soltera; tengo tres niñas de cinco, tres, y un año. Limpio casas para mantenerlas. Estaba pasando el sacudidor por el tocador de la señora cuando vi esos cheques firmados ahí. Pensé en las medicinas que mi niña necesita, y se me hizo fácil agarrarlos... Ahora me van a encerrar y me van a quitar las niñas...». Sus sollozos ahogaron sus palabras. El abogado defensor pidió hablar con el juez en privado. Al regresar, le dio la buena nueva: «El juez desestimará dos de los tres cargos. Si te declaras culpable de uno, te impondrá noventa días de trabajos en libertad». De un máximo de nueve años en el penal a tan solo noventa días de trabajos en libertad. Secándose las lágrimas, la joven aceptó la oferta del juez.

Pero en el tribunal divino no se hacen tales ofertas. Toda falta se castiga por igual: «Porque la paga del pecado es muerte» (Romanos 6:23a). El Juez divino no rebaja la condena de nadie. Todos pagan igual, con la muerte... pero lo hacen en el cuerpo de otro: el cuerpo de Jesucristo, el Hijo de Dios. Él muere, pero para que tú vivas: «Mas la dádiva de Dios es vida eterna en Cristo Jesús, Señor nuestro» (Romanos 6:23b). Y eso ya es un hecho. Sucedió en la cruz hace unos dos mil años. Allí, Jesucristo murió en tu lugar. Allí, él murió, y en él tú naciste de nuevo para vida eterna. Esa es la buena nueva que enjuga toda lágrima de todo ojo. No es que se levante tu condena: Jesucristo la sufrió plenamente, en su propio cuerpo, por los malos y los buenos. «¿Cómo? ¿También por los buenos? Pero si los buenos no necesitan perdón, porque siempre han hecho lo bueno». Algunos pueden pensar así, pero la verdad es que todos han pecado, tanto los malos como los buenos. Los malos pecan porque son malos, y los buenos pecan porque siempre podrían ser más buenos, pero no lo son. Si se colocara a la persona más buena, santa, pura y amorosa en el cuerpo de Cristo, Cristo seguiría siendo condenado como culpable. Porque el bueno no peca en sus obras sino en su mente, en su espíritu. En secreto, el bueno se hincha de vanidad por ser tan bueno. Eso también es pecado, y merece la muerte eterna. Tal es la santidad de Dios. Por eso Cristo también murió por el bueno. «Pero Dios demuestra su amor para con nosotros, en que siendo aún pecadores, Cristo murió por nosotros» (Romanos 5:28 LBLA).

17

No sabíamos lo que había
en la mochila

> «Yo te aconsejo que de mí compres oro refinado por el fuego,
> para que te hagas rico; ropas blancas para que te vistas y cubras
> tu vergonzosa desnudez; y colirio para que te lo pongas en los
> ojos y recobres la vista»; «Y serán para mí especial tesoro, y
> los perdonaré, como el hombre que perdona a su hijo que le
> sirve» (Apocalipsis 3:18 NVI; Malaquías 3:17 RV60).

¿Se casaron y fueron felices? Jamás se sabrá. La parejita gozaba de
una noche de parranda en un club nocturno. Para alegrar aun más
la noche, tomaron varias margaritas. Sonrisas y más risas. Llamaban
la atención. Cuando bailaban, las otras parejas aplaudían. Hasta que
se les acercó un hombre, bien vestido y apuesto. Les propuso un
negocio. Necesitaba que le llevaran una mochila a un amigo que
la había olvidado. A solo dos horas, por la autopista, y seiscientos
dólares por la molestia. Seis billetes de cien, en la mano. Como ya
habían gastado demasiado en el club, necesitaban el dinero. Con
eso repondrían lo gastado aquella noche. Además, ya se había hecho
tarde. Colocaron la mochila en la cajuela, y se pusieron en marcha.
Sin embargo, con las margaritas en el cerebro, el volante del coche
viró más de la cuenta rebasando a gran velocidad un coche tras otro
por la autopista. Un policía los avistó, y tras una breve persecución,

los detuvo. El joven chofer sopló en el alcoholímetro, y el resultado indicó un alto nivel de alcohol. El policía, siguiendo sus instintos, pidió revisar el coche. Allí estaba la mochila en la cajuela. Contenía dieciocho kilos de drogas. Cocaína, cristal, metanfetamina, éxtasis, marihuana, por un valor de más de seiscientos mil dólares. Ahora, en el tribunal, la parejita —de no más de veinte primaveras cada uno— escuchaba al abogado defensor. «Es grave. Cada uno se enfrenta a hasta treinta años de cárcel por transporte ilícito de drogas con agravante de gran cantidad». ¿La defensa de los muchachos? Ambos respondieron, al mismo tiempo: «Es que no sabíamos lo que había en la mochila».

Habían hecho caso a una mentira, en un lugar donde se promueve la mentira, pues toda esa alegría no es más que una burbuja. Pero todo lucía real. Hasta una feliz coincidencia del destino, que por tan solo un viaje de dos horas les pagaran el alquiler del mes. Así es el padre de las mentiras. Oropel en vez de oro. Hojarasca en lugar de plata. Cárcel en vez de libertad. Eso es lo que ofrece el enemigo de nuestras almas: maldición en vez de bendición, pero camuflando la maldición como bendición, y disfrazando las bendiciones de maldiciones. Y ante ese camuflaje, todos, de un modo u otro, caemos en la trampa. Por eso el Juez divino nos dice: «Yo te aconsejo que de mí compres oro refinado por el fuego, para que te hagas rico; ropas blancas para que te vistas y cubras tu vergonzosa desnudez; y colirio para que te lo pongas en los ojos y recobres la vista» (Apocalipsis 3:18 NVI). Toda esa riqueza no viene en una mochila. Viene envuelta en una persona: Jesús. Él es nuestro oro, él es nuestra vestidura blanca, él es nuestra vista sana, él es nuestra vida y libertad. Es nuestra justicia ante Dios. Es la perla de gran precio que adorna nuestra vida. Toda su riqueza es nuestra solo por fe. Lo demás es cárcel, cuatro paredes, y rejas, porque nosotros sí sabemos lo que llevamos en nuestra mochila. Lo recibimos de Adán, quien lo obtuvo de la serpiente. Cada generación ha tomado la mochila y ha añadido su propia basura. Y ahora, toda la creación está en cadenas y grilletes, cautiva de su propia condenación. Pero en la cruz, Cristo nos quitó los grilletes de los pies y las cadenas de las manos. Así podemos entrar libres a su reino de la vida. Allí no reina la mentira, sino su perfecta justicia. Allí solo reina la verdad, esa verdad que salva, libera, y nos quita la ofensiva mochila que recibimos de nuestros padres. Porque de tal manera amó Dios al mundo condenado, que ha dado a su único Hijo, para que todo aquel que en él cree, no se pierda bajo su propio peso de pecado, sino que sea desatado y liberado. Y en esa libertad, ellos entran al éxtasis del gozo de aquel que nos amó y nos hizo un reino de reyes y sacerdotes para Dios el Padre. «Y serán para mí especial tesoro, ha dicho Jehová de los ejércitos, en el día en que yo actúe; y los perdonaré, como el hombre que perdona a su hijo que le sirve» (Malaquías 3:17 RV60). ¡A Dios sea la honra, y el poder, y la gloria para siempre, amén!

18

¿Acepto la oferta, o me arriesgo al fallo?

> «Si confiesas con tu boca que Jesús es el Señor, y crees en tu corazón que Dios lo levantó de entre los muertos, serás salvo. Porque con el corazón se cree para ser justificado, pero con la boca se confiesa para ser salvo» (Romanos 10:9–10 NVI).

El abogado defensor le decía al acusado: «Si te das por culpable ahora mismo, antes de terminar el juicio, solo te darán tres años de cárcel. Con los tres años que ya llevas esperando el juicio, podrás salir libre en pocas semanas. Claro, lo más posible es que te deporten, pero en tu país gozarás de libertad. Si no aceptas la oferta, lo más probable es que el jurado te condene, porque las acusaciones son graves: estupro (violación de una menor de edad) en más de treinta ocasiones, desde que tu hijastra tenía once, hasta que te detuvieron, poco después de que cumplió trece. Lo más probable es que ella subirá al estrado y testificará en tu contra, con lujo de detalles. Será tu palabra contra la de ella. Los miembros del jurado casi siempre creen el testimonio de las víctimas. Si el jurado te condena, lo más probable es que te den cadena perpetua. Si aceptas el trato, sabes con certeza cuál será tu condena, y cuándo saldrás libre. Y será pronto, porque ya llevas casi tres años esperando el juicio, y todo ese tiempo cuenta a tu favor. Pero si no aceptas la oferta de tres años, lo más probable es que el jurado te condene. Perderás tu libertad para siempre, y nunca más podrás estar con tu familia y tus hijos». El acusado protestaba su inocencia, pero el abogado le recordaba todas las pruebas en su contra que, seguramente, el jurado tomaría en cuenta para declararlo culpable. Mientras traducía la tensa conversación, podía escuchar al hombre murmurando consigo mismo su lucha interna: «¿Me doy por culpable de un delito que no cometí para salir libre? ¿O insisto en mi inocencia hasta el final para tal vez no salir jamás?».

Ante el tribunal divino, todos somos culpables, porque nuestro amor es imperfecto, deficiente, y muchas veces, traicionero. Y la pena es más grave que la cadena perpetua. Es la muerte eterna: «Pues todos hemos pecado; nadie puede alcanzar la meta gloriosa establecida por Dios [...]. Pues la paga que deja el pecado es la muerte, pero el regalo que Dios da es la vida eterna por medio de Cristo Jesús nuestro Señor» (Romanos 3:23 NTV; 6:23 NTV). En esas pocas palabras, la oferta que nos hace nuestro Abogado Defensor ante Dios es esta: «Confiesa que mi amor reemplaza tu amor deficiente e imperfecto. Confiesa que, por mi muerte en la cruz, eres absuelto de la muerte eterna. Tomé todos tus pecados y los dejé en la tumba. Déjame presentar mi perfecto amor ante el Padre en vez del tuyo, y se levantará toda condena. Quedarás totalmente justificado ante Dios. «Pero él nos ama mucho, y nos declara justos sin pedirnos nada a cambio. Por medio de Jesús, nos ha librado del castigo que merecían nuestros pecados» (Romanos 3:24 TLA). Esa oferta se acepta solo por fe, confesando que le creemos; que su amor nos basta. De otro modo, tendremos que comparecer ante el Juez de toda criatura presentando nuestro propio amor: vacilante, fingido, inconstante. Si es así, nos arriesgamos al fallo del Juez Supremo: «¡Apártense de mí, gente malvada! ¡Jamás los conocí!» (Mateo 7:23 TLA). Francamente, hay una sola salida: «Si confiesas con tu boca que Jesús es el Señor, y crees en tu corazón que Dios lo levantó de entre los muertos, serás salvo. Porque con el corazón se cree para ser justificado, pero con la boca se confiesa para ser salvo» (Romanos 10:9–10 NVI).

Pero dígale que no me grite

«Yo te he glorificado en la tierra, y he llevado a cabo la obra que me encomendaste»; «Padre, si es tu voluntad, aparta de mí esta copa; pero no se haga mi voluntad, sino la tuya» (Juan 17:4 NVI; Lucas 22:42 LBLA).

En los tribunales hay dramas que se desarrollan silenciosamente. En esta ocasión, los personajes eran un hijo y su padre. El hijo estaba detenido, acusado de varios delitos de posesión de drogas, allanamiento de un negocio y robo. El muchacho, tatuado en la cara y los brazos, lucía una mirada desafiante y despreocupada. En el tribunal había un señor de unos sesenta años, piel curtida y arrugada por el sol, marcas de un obrero agrícola que ha trabajado años en el campo. Su rostro estaba marcado por la ansiedad y la tristeza. Mientras yo interpretaba los pormenores del caso para el acusado, el muchacho parecía más interesado en limpiarse las uñas que en escuchar los consejos del abogado. Cuando este terminó, el joven le dijo sin pestañear: «Dígale a mi 'apá que me ponga dinero en mi cuenta de la cárcel, que no tengo, y que quiero platicarle por teléfono». Minutos después, el abogado le daba el recado al papá. Este, con los ojos húmedos de lágrimas, dijo: «Claro, pero dígale que no me grite cuando me hable». Volvimos al acusado con el mensaje. Respondió con una sola palabra: una horrible maldición. Buscó la mirada de su padre, formó la maldición con sus labios, y la lanzó como flecha. El padre bajó el rostro, agarró su gorrito, y salió del tribunal cabizbajo, con los hombros estremeciéndose por el llanto. Sin embargo, yo no lograba sacar a ese padre de mi mente. Tan pronto como terminé la entrevista entre el abogado y el muchacho, salí de la sala corriendo tras el padre. Lo alcancé fuera del tribunal. No tenía las palabras para hablar con él. Pero le pregunté: «Y ahora, ¿que hará, señor?». Con sus ojos todavía húmedos y enrojecidos por el llanto, respondió: «Voy a la cárcel, a ponerle unos centavos en su cuenta. Los necesita para comprar un poco más de comida. Le gusta comer algo antes de acostarse. Tal vez me llamará. Me grita y maldice, pero es mi hijo, y me gusta escuchar su voz». Sentí que los ojos se me empañaban. No sabía qué decirle. Pero el hombre dio un paso hacia mí y me abrazó. Sentí que él necesitaba abrazar a alguien. Y en ese momento, yo también.

Pero ¿qué tal si a Jesús, al salir del patio de Pilato, donde había sido flagelado, escupido y golpeado, le hubieran preguntado: «Y ahora, ¿qué vas a hacer?».

¿Qué hubiera dicho?

«Bueno, voy allí, a esa colina, para justificar a esos soldados que me acaban de flagelar; los que me escupieron y me clavaron esta corona de espinas en la cabeza. Voy a dar mi vida por ellos; voy a perdonarlos para que puedan estar a salvo con Dios. Todos ellos, y todos cuantos se burlan a lo largo de mi vía dolorosa, están cubiertos por las llagas de sus propios pecados. Voy a cubrirlos con mi propia justicia. En este mundo hay demasiada oscuridad y frialdad para tantos pecadores. Voy a brillar ante ellos con la luz de la gracia de Dios. Esta cruz pesa mucho, pero no es nada comparada con el peso de los pecados que ellos llevan encima. Sobre esta cruz cargaré todos sus pecados en mi cuerpo. Con eso quedarán justificados para siempre, y Dios los aceptará. No me agrada cuando me maldicen y me escupen, pero no hay otra forma de presentarlos sin mancha ante su Padre. En esa cruz, todo se trata de ellos. Yo debo convertirme en ellos ante Dios para que ellos lleguen a ser como yo ante él. Así, quedarán completos. Cada golpe, insulto, y aun cada escupo, me hace saber cuánto amor y perdón necesitan. Ojalá puedan llamarme después. Pero no es necesario. Yo los llamaré sin falta, de eso pueden estar seguros, día y noche. Pero por ahora debo seguir mi camino hacia el Gólgota; allí tengo mucho que hacer: terminar lo que comencé hace 33 años, hasta consumarlo todo, y cumplir la voluntad de mi Padre. Todo pecador debe saber que ha sido plenamente perdonado y justificado…».

Y fue así que siguió su camino hasta el lugar de la Calavera, con sus hombros temblando bajo todo el peso que cargaba…

¿Cuándo voy a volver con mi mamá?

> «Porque en esa esperanza fuimos salvados [...]. ¿Qué diremos frente a esto? Si Dios está por nosotros, ¿quién contra nosotros? El que no escatimó ni a su propio Hijo, sino que lo entregó por todos nosotros, ¿cómo no habrá de darnos generosamente, junto con él, todas las cosas?» (Romanos 8:22 RVC, 31–32 NVI)

Era un niño pequeño para sus once años, pero se atrevió a dirigirle la palabra al juez. El tono de su voz sonaba como una oración de súplica, pero respetuoso. «Señor juez, ¿cuándo voy a poder volver con mi mamá?» Al otro lado de la sala estaba la mamá. Una joven de apenas treinta años, pero que parecía de cincuenta o más. Su rostro estaba demacrado y deformado por el uso de las drogas. La habían traído desde un centro de rehabilitación. El juez quería un informe de su progreso. No era muy halagador. Todavía sufría episodios de esquizofrenia. Veía cosas y escuchaba voces que no existían. Ocho meses antes, el tribunal de menores le había quitado el niño. Ella, en uno de sus episodios de esquizofrenia inducido por las drogas, había agredido fuertemente al niño. Sin embargo, el niño la amaba, y no podía despojarse de sus sentimientos. Mirándola con anhelo y cariño, quería correr y abrazar a su madre. Ella, por su parte, estaba bastante sedada debido al fármaco que le habían dado. El niño vivía en un hogar de acogida, con buenos padres, pero extrañaba el calor de su madre. Esta lo miraba como queriendo reconocerlo. Al juez le faltaron palabras para responder al niño: «Esperamos que pronto, Jaimito, pronto; por ahora tendrás que tener paciencia». Sin embargo, el drama no concluyó allí. El niño no se turbó. Se puso de pie, y con voz trémula, se dirigió nuevamente al juez: «Su Señoría, ¿podría al menos darle un abrazo?».

De inmediato, los abogados, la trabajadora social, el psiquiatra y la terapeuta del niño, todos se acercaron al estrado del juez. Apenas podía oír el murmullo de sus inquietudes mientras se cubrían la boca para que el micrófono no amplificara sus voces. «Es demasiado pronto». «Ella podría golpearlo aquí mismo». «Perjudicaría más al niño si ella no lo reconoce». «Tendrían que quitarle las esposas y las amarras. Yo me opongo». «El riesgo es demasiado». «No hay ningún precedente judicial para este tipo de comportamiento». Todos objetaban el abrazo. Vi cómo el juez asentía con su rostro a las protestas. Finalmente, se dirigió otra vez al niño. «Hijo, qué lástima. También tendrás que esperar por eso».

¿Cómo se le pide paciencia a un niño que quiere y necesita un abrazo de su madre en ese mismo instante? ¿Qué haces con un abrazo que no puedes dar? ¿Qué hacer cuando los brazos duelen no por abrazar sino por falta de abrazos? Mirando una vez más a su madre, el niño estalló en lágrimas. Con una mirada, el juez pidió a la trabajadora social que sacara al niño de la sala. Aun después de cerrar la puerta, se escuchaban los llantos del niño: «¡Mami, mami, quiero a mi mami!».

Nosotros también tenemos ese deseo, aun más fuerte, de volver a nuestro hogar. ¿Cuándo será el día en que gozaremos de esos cielos nuevos y esa tierra nueva que nos han sido prometidos? ¿Cuándo nos daremos ese abrazo eterno con aquellos seres queridos que hemos perdido? ¿Cuándo estaremos en los brazos de ese divino Ser que nos amó y se entregó a sí mismo por nosotros?

La Escritura dice: «Sabemos que toda la creación todavía gime [...]. Y no sólo ella, sino también nosotros gemimos interiormente, mientras aguardamos nuestra adopción como hijos, es decir, la redención de nuestro cuerpo. Porque en esa esperanza fuimos salvados. [...] ¿Qué diremos frente a esto? Si Dios está por nosotros, ¿quién contra nosotros? El que no escatimó ni a su propio Hijo, sino que lo entregó por todos nosotros, ¿cómo no habrá de darnos generosamente, junto con él, todas las cosas?» (Romanos 8:22–24, 31–32). De modo que todo lo que esperamos es ya una cierta realidad. ¿Por qué? Por el hecho histórico de la muerte y la resurrección de Jesús, nuestro Salvador. Ese hecho histórico es la garantía de todos los abrazos que esperamos darnos cuando regresemos a nuestro hogar. Pero, mientras tanto, hay muchos otros abrazos que sí podemos dar: a los niños, cuando lloran; a los ancianos, cuando no tienen quien los abrace; o a quienes han perdido un ser amado. ¿Hasta cuándo? ¡Hasta tu próxima visita, con un beso y un abrazo! Pero a ti, por el amor de Cristo en la cruz, la familia del cielo ya te abraza.

21

La oveja negra

> «Venid luego, dice Jehová, y estemos a cuenta: si vuestros pecados fueren como la grana, como la nieve serán emblanquecidos; si fueren rojos como el carmesí, vendrán a ser como blanca lana» (Isaías 1:18 RV60).

Después de recibir una severa sentencia del juez, el acusado me abrió su corazón. «En mi familia fuimos siete hijos; yo soy el menor. Todos mis otros hermanos estudiaron, son profesionales. Yo soy la oveja negra de la familia. No hice nada con mi vida. Solo sé trabajar. Aprendí malas costumbres, me junté con malas amistades. Ahora estoy por perder a mi familia. Llegué a casa tomado, mi esposa me reclamó, y le di unos empujones frente a mis hijos. Ahora todos me tienen miedo. Creo que me odian. Voy a hacer todo lo que me dice el juez: las clases de Alcohólicos Anónimos, las clases para evitar la violencia, los trabajos forzosos, porque no quiero perder ni a mis hijos ni a mi esposa». Las lágrimas corrían por sus mejillas. Una frase resonaba: «Soy la oveja negra de mi familia». Le dije que Dios no tiene un redil de ovejas blancas, y otro redil de ovejas negras. Dios solo tiene un redil de ovejas negras. Ante él, toda nuestra lana blanca es un disfraz, porque él conoce nuestra verdad: por dentro, todos somos ovejas negras. Sin embargo, el Buen Pastor da su vida por las ovejas: las ovejas negras, que no han hecho nada bueno con sus vidas, y las blancas, que no han hecho más que vivir un teatro, disfrazadas de blanco.

En toda la raza humana ha existido una sola oveja pura y blanca: Jesucristo, el Hijo de Dios, el Hijo del Hombre. Él es esa única oveja pura, sin mancha, perfecta y sin defecto. Nos ama con un amor que no se avergüenza de llamarnos hermanos. De hecho, en la cruz, él se hizo oveja negra delante de Dios, para que con su blanca lana seamos presentados ante Dios limpios, puros, y revestidos de su perfecta justicia. Es un manto blanco de una belleza elegante y exquisita que cubre todas nuestras manchas. De hecho, el Antiguo Testamento ya pregonaba la pureza del Cordero de Dios: «El cordero será un macho sin defecto, de un año; lo apartaréis de entre las ovejas o de entre las cabras»; «Lo que tenga defecto, no ofreceréis, porque no os será aceptado. [...] no habrá imperfección en él» (Levítico 22:20–21 NBLA). Por eso, el Padre mismo dio testimonio de que Cristo había cumplido esa demanda a nuestro favor: «Este es mi Hijo amado, en quien tengo complacencia» (Mateo 17:5 RV60).

«Venid luego, dice Jehová, y estemos a cuenta: si vuestros pecados fueren como la grana, como la nieve serán emblanquecidos; si fueren rojos como el carmesí, vendrán a ser como blanca lana» (Isaías 1:18 RV60). Pensando en su propia alma como el alma de una oveja negra, el mismo salmista confesó: «Jehová es mi pastor, nada me faltará» (Salmo 23:1 RV60). Cientos de años más tarde, un profeta también confesó la impiedad de su alma al fijarse en el amor puro de Jesucristo: «He aquí el Cordero de Dios, que quita el pecado del mundo». «Como cordero fue llevado al matadero...», y todo para que las ovejitas negras, y las blancas que no son tan blancas, «tengan vida, y la tengan en abundancia...» (Juan 10:10 RV60). Lo suyo es tuyo por pura gracia, solo por fe.

22

La ira del juez

> «Dios, que es rico en misericordia y nos amó tanto […] nos dio vida cuando levantó a Cristo de los muertos […]. En los tiempos futuros, Dios puede ponernos como ejemplos de la increíble riqueza de la gracia y la bondad que nos tuvo en Cristo Jesús» (Efesios 2:4–7 NTV).

Unas semanas antes, el acusado se había presentado respondiendo al cargo de conducir ebrio por tercera vez. El abogado defensor había argumentado con éxito a su favor: «No ha cometido ningún otro tipo de delito. Mantiene a su esposa y a sus cinco hijos. Es supervisor en una fábrica». Por otro lado, la fiscal argumentaba que el hombre representaba un grave riesgo para la comunidad: «En cualquier momento, este borracho se pondrá detrás del volante y matará a un inocente. ¡Que vaya al calabozo, hasta la próxima audiencia!». El juez pidió hablar con los dos abogados en privado. Cuando volvieron, el juez se dirigió al acusado. «Señor, voy a dejarlo en libertad a pesar de las justas protestas de la fiscal. Pero con varias condiciones. Uno: no volverá a conducir, punto. Ni ebrio, ni sobrio; hasta que este caso se resuelva. Camine, tome el bus, ande en bicicleta, pero no se ponga tras el volante de un coche. Ni siquiera estacionado. Dos: tendrá que ir cada día a una reunión de Alcohólicos Anónimos. Son cinco semanas hasta su próxima fecha ante este tribunal; la próxima vez que lo vea, quiero ver treinta y cinco firmas en el comprobante. ¿Entendido? No quiero pretextos ni justificativos. De otro modo, lo enviaré de inmediato al calabozo». Cinco semanas más tarde, se presentaba con tan solo tres firmas en la ficha. «Es que mi madre se enfermó y tuve que salir del país para verla». Pocas veces había visto al juez tan indignado. Conteniendo apenas su ira, gritó al alguacil: «¡Enciérrenlo!».

En este caso, el juez descargó su ira sobre el acusado por haber desobedecido. Le había dado la oportunidad de quedar en libertad, pero la despreció, y no cumplió su promesa. La ira del juez lo mandó al reclusorio. Pero ¿y si en vez de enviar al acusado, el juez hubiera enviado a la cárcel a su propio hijo? «¡Qué locura! El hijo del juez no es el borracho». Sin embargo, eso es lo que sucede en el tribunal divino. Jesucristo, en la cruz y sobre su propio cuerpo, recibió la ira de Dios por nuestros pecados. No por los pecados de él, pues era totalmente santo, puro e inocente. Fue castigado en nuestro lugar, por nuestros pecados. Nuestras faltas son mucho más graves que las del borrachín de nuestra historia: no creemos en ese mismo Dios de amor; dudamos de si realmente necesitamos su perdón; estamos ebrios de nuestra importancia, nuestro deseo de complacernos en todo. «Por nuestra propia naturaleza, éramos objeto de la ira de Dios igual que todos los demás. Pero Dios, que es rico en misericordia y nos amó tanto […] nos dio vida cuando levantó a Cristo de los muertos […]. En los tiempos futuros, Dios puede ponernos como ejemplos de la increíble riqueza de la gracia y la bondad que nos tuvo en Cristo Jesús» (Efesios 2:1–7 NTV). Nuestro futuro no está en ningún calabozo. Nuestro futuro está en Aquel que nos amó, y nos lavó de nuestros pecados con su sangre... Donde no hay muerte, ni llanto, ni dolor, porque todo eso ya pasó. El grito del Juez es: «¡Libérenlo! ¡Lo quiero a mi lado por la eternidad!».

¡No has hecho
absolutamente nada!

> «Ya conocen la gracia de nuestro Señor Jesucristo, que aunque era rico, por causa de ustedes se hizo pobre, para que mediante su pobreza ustedes llegaran a ser ricos» (2 Corintios 8:9 NVI).

—No has hecho nada. El juez te pidió cuarenta horas de servicio comunitario. ¿Cuántas has hecho? —Es que no las puedo pagar. —Te pidió sesenta y cinco días de trabajos en libertad. ¿Cuántos has hecho? —No los puedo pagar. —Te pidió cincuenta y dos clases en el programa de violencia doméstica. ¿A cuántas has ido? —Tampoco las puedo pagar. —Consternado, el abogado defensor continuó. —Y ¿cómo sabes que no puedes pagar nada de eso? ¿Ya fuiste a preguntar? —No. Es porque vivo muy ajustado con lo que gano, y tengo que mantener a mis dos niñas. Yo soy el que tengo la custodia. Tendría que dejarlas con alguien que las cuide, y no tengo con qué pagar eso. —El juez dijo que quiere meterte preso ahora mismo por incumplimiento de esas órdenes. —Pero entonces mis niñas van a quedar solas; ¿es eso lo que quiere el juez? —El tema es que prometiste cumplir, y ¡no has hecho absolutamente nada! —Finalmente, el juez le dio una semana para que encontrara a alguien que cuidara de sus niñas mientras él purgaba sesenta días de cárcel. —Si no se presenta, iremos por usted. A usted lo llevaremos preso, y a las niñas, a un hogar de acogida. ¿Entendido?

Con frecuencia oímos de grandes empresarios o estrellas de farándula o el deporte que crean fundaciones de caridad. Nos impresionan las millonarias sumas de dinero que reparten con fines humanitarios: para la lucha contra ciertas enfermedades, las inequidades sociales, construcción de viviendas, clínicas y hospitales. Hasta que escuchamos el verdadero valor del capital personal de estas personas. Supera astronómicamente las cifras donadas con fines caritativos. Luego, los que saben, comentan que los donativos tenían también la finalidad de reducir sus impuestos. En comparación con la mayoría de la población, pagaron un porcentaje de impuestos muy por debajo de los demás. ¡Gracias por el bien que hicieron, y el que harán! Pero no deja de susurrarse el comentario de que, en comparación con lo que realmente tienen, ¡no hicieron absolutamente nada! Y aun si hubieran dado todo —como algunos realmente lo hacen—, delante de Dios no cuenta en absoluto. Sin embargo, hubo uno solo que dio literalmente todo. La Escritura dice: «Ya conocen la gracia de nuestro Señor Jesucristo, que aunque era rico, por causa de ustedes se hizo pobre, para que mediante su pobreza ustedes llegaran a ser ricos» (2 Corintios 8:9 NVI). ¿Qué? ¿Ricos por medio de su pobreza? Ese es el misterio del tribunal divino. Él se hizo pobre —el más pobre— para llenarnos de una riqueza incontable que supera toda riqueza material. «Pero ¿cuál riqueza? ¿Dónde la encuentro? Y ¿realmente es por gracia?». Pregúntale, entérate, ¡porque el Juez te está cobrando lo que solo puedes pagar con el inmensurable sacrificio de su Hijo Jesucristo! Y él está ansioso por pagar tu cuenta. Solo pide que creas sin dudar. Cuando derramó su sangre, tu cuenta quedó enteramente saldada. Y ahora, ¿qué debes hacer? Eres deudor de la gracia. La gracia no se paga. Al Dador de la gracia solo se le debe gratitud. Sin embargo, aun así, tus ofrendas de gratitud jamás bastarían para saldar la deuda. La gratitud misma es un don de la gracia. Se da gratuitamente a todo aquel que confiesa el nombre de Jesús para salvación. La Escritura dice: «Sean agradecidos en toda circunstancia, pues esta es la voluntad de Dios para ustedes, los que pertenecen a Cristo Jesús» (1 Tesalonicenses 5:18 NTV). ¿En toda circunstancia? ¿Aun ante la muerte, y ante cualquier pérdida —incluso total—? Frente a la tumba de Lázaro, Jesús oró: «Padre, te doy gracias porque me has oído» (Juan 11:41 NBLA). Eso es gratitud. Y esa es la gratitud que se nos da, y que es nuestra solo por fe. Porque, en muchos de nosotros, la gratitud es defectuosa y confusa. No sabemos dar gracias, ni mucho menos tener un espíritu agradecido. Sin embargo, estando en Cristo, tenemos su gratitud, aun ante la muerte y todo lo que la precede. Esa gratitud se vuelca en el prójimo, el diferente, el rechazado, el que es objeto de burla por cualquier deformidad, enfermedad o escasez. Estas personas pueden incluso estar en tu propia casa, escuela, universidad, o lugar de empleo. Una vez que has recibido el don de la gratitud, encuentras en todas partes personas de las cuales estar agradecido. Aun de ti mismo estarás agradecido. ¡Siempre recordando que tú agradeces porque él agradeció a Dios por ti primero!

24

La guitarra que lo mandó
a la cárcel

«Tuve compasión de ti, y te amé con amor eterno»; «Él nos lleva a su sala de banquetes y despliega sobre nosotros su bandera de amor» (Jeremías 31:3 TLA; Cantares 2:4 TLA).

Llevaban diecisiete años casados. Él tocaba la guitarra. Ese domingo, los dos estaban solos en el patio. Ella colgaba la ropa mientras él tarareaba una canción de despecho con la guitarra. —Y ¿por qué cantas esa canción? —Porque yo sé que me estás engañando; tienes un amante. ¿Quién es? —dijo él. —¿Cómo se te ocurre? No digas eso. Siempre te he sido fiel —respondió ella mientras colgaba una de sus camisas. —Lo único que no sé es el nombre; ¡dime quién es o te rompo la cara! —Mi amor, ¿qué te pasa? ¡No te pongas así! —La discusión fue subiendo de tono hasta que él se paró frente ella empuñando la guitarra como un bate de béisbol. —¡Dime quién es! —Que no hay nadie, mijo, pero... —No pudo terminar lo que decía. El hombre la golpeó con la guitarra. Instintivamente, ella se protegió la cara con el brazo, pero un borde de la guitarra le golpeó el brazo y otro borde rebotó contra su cabeza. Al instante, su cuero cabelludo sangró. El antebrazo quedó colgando inútilmente. El hombre salió del apartamento corriendo mientras ella acudió a la vecina. En urgencias le dieron nueve puntos de sutura en la cabeza, y la radiografía mostró una fractura oblicua del cúbito.

Más tarde, en el tribunal, el hombre —ya preso— decía a su abogado que todo había sido un accidente. Por su parte, la esposa pedía que le atribuyeran todos los cargos posibles por haber atentado contra su vida. Finalmente, lo sentenciaron a treinta años de cárcel.

Nuestro Esposo en los cielos nos canta otra canción. Pese a toda traición, perversidad, desprecio e incredulidad, él nos sigue amando. La Escritura dice: «Tuve compasión de ti, y te amé con amor eterno» (Jeremías 31:3 Paráfrasis del autor). En vez de lanzarnos su ira, «nos lleva a su sala de banquetes, despliega sobre nosotros su bandera, y allí nos cubre con sus besos» (Cantares 2:4 TLA). Pero antes, él mismo lleva nuestro castigo. «Él fue herido por nuestras rebeliones, sufrió en nuestro lugar, gracias a sus heridas recibimos la paz […]. Dios hizo recaer sobre Él el castigo que merecíamos (Isaías 53: 5-6 Traducción del autor). Ese Esposo nos conviene. En vez de tratarnos con violencia, él mismo la sufrió en su propio cuerpo sobre la cruz. En vez de cantos de despecho, nos canta canciones de amor eterno. En vez de condenación, nos justifica, y nos declara puros, santos y perfectos. Con su amor, conquista nuestro corazón. Y no es como si nos volviéramos perfectamente fieles. Muchas veces, nuestro corazón duda de su amor, y hasta de su existencia. Pero él no nos reprocha. Más bien nos perdona y nos abraza; nos guía y nos protege con su Espíritu que siempre vela por nosotros con un amor constante, ¡que saca de nuestro corazón gritos y lágrimas de alegría! Contra tal amor no hay ley que condene, sino ¡gracia que pone canciones de amor en nuestros labios! «Hizo brotar de mis labios un nuevo canto, un canto de alabanza a nuestro Dios. Muchos, al ver esto, se sintieron conmovidos y pusieron su confianza en el Señor» (Salmo 40:3 NVI). ¿Qué? Parece que te escucho cantar… e incluso tienes buena voz… cántala otra vez…

Ahora ya verás lo que
te va a pasar

> «Pues Dios amó tanto al mundo que dio a su único Hijo, para que todo el que crea en él no se pierda, sino que tenga vida eterna» (Juan 3:16 NTV).

La señora contaba una horripilante historia de maltrato y abuso físico, verbal y emocional. «Yo lo quería mucho porque me sacó del rancho y me trajo hasta acá. Yo tenía todas las ilusiones de hacer un hogar con él; tener a mis niños y una familia. Pero, desde el principio, hubo golpes e insultos; me llamaba de todo, menos por mi nombre. Aun tras la llegada de los niños, no se ha calmado. No me da ni un cinco para mis gastos. Le miente al gobierno sobre lo que gana; tiene varios negocios, pero cuando le pido para la comida, me pega. No me deja comprar sin él; él escoge lo que vamos a comer y paga todo, pero si después nos falta algo, no tengo con qué comprar. Ya llevo diez años con él, y siempre he bajado la cabeza; nunca le he contestado, nunca le he llamado la policía... hasta hace una semana, cuando me cansé. Es cierto que él tenía al niño de un año en los brazos. Pero cuando me insultó como una perra, no sé qué me pasó. Le solté la cachetada. Ojalá la hubiera dejado ir con fuerza, pero la detuve cuando toqué su cara. Pero entonces me dijo: "Ahora ya verás lo que te va a pasar". Enseguida llamó a la policía. Les contó todo a su manera y me llevaron arrestada. Ahora me quitaron los niños y me dejaron prácticamente en la calle. No sé lo que voy a hacer…».

Desgarrador. Ilusiones rotas. Una madre separada de sus hijos. Un padre abusivo. Las lágrimas de la señora no cesaban mientras hablaba con su abogada y yo traducía. Pero en el tribunal divino, todo es diferente. Nuestro matrimonio con Jesucristo jamás desilusiona. La Escritura dice: «Mi amado me llevó a la sala de banquetes, y allí me cubrió de besos» (Cantares 2:4 TLA). No hay ser humano que no pueda confiar en el amor apasionado de Dios por él o ella. Un amor tan apasionado, que dio a su propio Hijo para no perdernos, y para darnos, solo por fe, vida eterna junto a él en esa sala de banquetes. ¿Cuánto nos cuesta ese amor? Nada. ¿Por qué? Porque a él le costó todo. Sacarnos del rancho de esta tierra no fue poca cosa. Tuvo que dar su vida para hacerlo. «Pues Dios amó tanto al mundo que dio a su único Hijo, para que todo el que crea en él no se pierda, sino que tenga vida eterna» (Juan 3:16 NTV). A lo largo de nuestra vida se presentan muchos enemigos, celosos de este amor, que quieren hacernos sentir que ya no lo merecemos. Pero Jesucristo es nuestro defensor. No te dejes guiar por tus sentimientos de culpa y vergüenza. Confía en que su amor por ti no cambia. «Con amor eterno te he amado, por eso te he sacado con misericordia» (Jeremías 31:3 NBLA). Él no nos saca de nuestra miseria para llevarnos a otra peor. ¡No! «Aun estando nosotros muertos en pecados, nos dio vida juntamente con Cristo (por gracia sois salvos), y juntamente con él nos resucitó, y asimismo nos hizo sentar en los lugares celestiales con Cristo Jesús, para mostrar en los siglos venideros las abundantes riquezas de su gracia en su bondad para con nosotros en Cristo Jesús» (Efesios 2:5–7 RV60).

26

Reunificados

> «A lo suyo vino, y los suyos no le recibieron. Pero a todos los
> que le recibieron, les dio el derecho de llegar a ser hijos de Dios,
> es decir, a los que creen en su nombre» (Juan 1:11–12 LBLA).

Tras más de veinte años como traductor en los tribunales, pensaría que el dolor humano ya no me afectaría tanto. Pero aún siento lágrimas en los ojos cada vez que el juez dicta que los niños deben salir del hogar de sus padres e ingresar a algún hogar de acogida. En los padres se ve esa mirada de intenso dolor que lo envuelve todo: remordimiento, amor, pesar, los sollozos más profundos, mejillas bañadas en lágrimas, y ojos tan llorosos y enrojecidos que parecieran no ver tras el velo de lágrimas que los empañan. «No pensé que le iba a pegar tan duro»; «No fue mi intención»; «No lo quise hacer»; «Perdóname, perdóname…». El Tribunal de Menores establece requisitos para que los padres vuelvan a reunirse con sus hijos. Da un plazo de seis meses para que asistan a clases para padres, terapias, o rehabilitación de drogas. Si no cumplen, el juez puede dictaminar que los padres han perdido la patria potestad de sus hijos, y declara que estos son adoptables. El plan ya no es la reunificación, sino la adopción por parte de otros padres. Sin embargo, cuando los padres cumplen con todos sus programas, los niños son devueltos a su hogar. En ese momento hay un gozo indescriptible. Cuando el juez dicta: «¡Reunificación!», el tribunal se convierte en una fiesta de abrazos, besos, felicitaciones, abrazos y más abrazos. En algunos casos, aun el propio juez proporciona la tarta y los helados.

La Escritura relata la historia del hijo pródigo, conocida aun fuera de los círculos religiosos. Sin embargo, la realidad es que también hay padres que se van del hogar y abandonan a sus hijos con el mismo pretexto que el hijo pródigo: «Me voy a gozar la vida». ¿Cómo es posible? Los hijos de uno son el futuro; no hay nada tan valioso como esas tiernas palabras: «papi», «mami», sus risas tan alegres, y sus juegos tan inocentes. Hay demasiados padres que, por ir tras los basurales, le dan la espalda al mayor tesoro que tienen en sus vidas. Como el hijo pródigo, terminan comiendo de los desperdicios de los puercos... Sin embargo —antes de que tiremos demasiadas piedras—, eso es lo que todos hacemos con Dios: abandonamos los tesoros de la fe para ir a perseguir burbujas. Pero la historia del hijo pródigo —nuestra historia— no termina en tragedia. Dios se encarnó en el cuerpo de Cristo, y vino a buscarnos y encontrarnos en todos nuestros escondites. «A lo suyo vino, y los suyos no le recibieron. Pero a todos los que le recibieron, les dio el derecho de llegar a ser hijos de Dios, es decir, a los que creen en su nombre» (Juan 1:11–12 LBLA). Estábamos tan perdidos que incluso llegamos al hogar de la muerte. Pero él se introdujo aun allí, en la muerte misma, y de allí nos rescató: «Así que, por cuanto los hijos participaron de carne y sangre, él también participó de lo mismo para destruir por medio de la muerte al que tenía el imperio de la muerte...» (Hebreos 2:14 RV60). Cuando Cristo quitó la piedra de su tumba, todos salimos libres de la muerte junto con él; ya no para servir a las cosas de la muerte, sino para servir a las cosas del Espíritu. ¡Mira! El propio Juez brinda más que helados y tarta. ¡Brinda su propia vida!

27

Latidos de inocencia

> «Por lo cual puede también salvar perpetuamente a los que por él se acercan a Dios, viviendo siempre para interceder por ellos» (Hebreos 7:25 RV60).

En cierta ocasión, una madre se presentó en el tribunal pidiendo una medida de protección contra su esposo. Apenas se podía entender su testimonio entre los sollozos y quejidos que entrecortaban sus palabras. Pero la historia se fue aclarando. Acusaba a su marido, padre de tres niños, de abusar de todos en el hogar: correazos, bofetadas, patadas, y puñetazos contra la pared. El juez se interesó en un incidente en que el padre agredió al niño de once años a correazos. El menor quiso refugiarse detrás de su madre, pero el padre descargó el cinturón sobre ella azotando sus piernas, su pecho, su cara, y finalmente al niño. El juez preguntó si había testigos, a lo que la madre respondió que su hijo mayor daría testimonio. En breve, el menor, que estaba fuera de la sala, pasó al banquillo de los testigos. El propio juez lo interrogó. El niño repitió casi palabra por palabra lo que había dicho la madre. Sin embargo, el padre tenía una abogada muy astuta. Ocultando su desconfianza, le preguntó al menor: —Toñito, ¿verdad que quieres proteger a tu mamá? —Sí. —¿Es cierto que tú dirías cualquier cosa para que tu madre no se enoje contigo? —Sí —dijo una vez más débilmente. —Eso es todo, señor juez —concluyó la abogada—. Solo estoy defendiendo la inocencia de mi cliente. Este niño ha mentido para proteger a su mamá. Es normal que lo haga, pero mi cliente no tiene que sufrir por mentiritas blancas. —El juez creyó la insinuación de la abogada: el niño había dado falso testimonio para ayudar a su madre. Por lo tanto, no expidió la medida de protección. Al salir de la sala, el niño lloraba: «¡Yo dije la verdad, pero el juez no me creyó! ¡Ahora mi papá me va a pegar más fuerte!». En su inocencia, el niño dijo la verdad, ¡y fue castigado por inocente! Pero ¿realmente había dicho la verdad? Jamás lo sabremos. No obstante, si efectivamente dijo la verdad en su inocencia, ese día la perdió cuando, aun diciendo la verdad, no pudo proteger a su madre.

En el tribunal divino, Dios no se deja llevar por la astucia de nadie. El corazón de Dios solo escucha el latir de la inocencia. Sin embargo, toda inocencia humana es como «metal que resuena o címbalo que retiñe». Aun hablando del recién nacido, la Escritura dice que fue concebido en pecado, por dos padres de naturaleza pecaminosa. Toda aparente inocencia humana hace solamente ruido delante de Dios. Hay un solo corazón que, desde su concepción hasta su muerte, ha latido delante de Dios con inocencia pura: el de su Hijo Jesucristo. Odiado, perseguido, maldecido, rechazado y tentado, ¡a cada paso de su vida, su corazón rebosó de amor! Y por cierto, él nos protegió con su inocencia. Al dar su vida por nosotros, dio testimonio de que el amor del Padre no juzga basándose en nuestra culpa sino en la inocencia de Cristo transferida a nuestra cuenta.

El corazón de Cristo es como el audífono a través del cual Dios escucha a la humanidad. No obstante, en los latidos de Cristo, Dios oye solamente inocencia, de modo que, cuando escucha a la humanidad, es eso lo que oye. Pero no te quedes al margen. Cuando Dios Padre oye la inocencia del corazón de Cristo, oye la inocencia que no tienes ni jamás tendrás; oye únicamente la de Cristo, que es tuya solo por fe. «Por lo cual puede también salvar perpetuamente a los que por él se acercan a Dios, viviendo siempre para interceder por ellos» (Hebreos 7:25 RV60).

Se me fue de las manos

> «Por medio de Cristo, Dios hizo que todo el universo volviera a estar en paz con él. Y esto lo hizo posible por medio de la muerte de su Hijo en la cruz. Antes, ustedes estaban lejos de Dios y eran sus enemigos, pues pensaban y hacían lo malo. Sin embargo, ahora Dios los ha declarado justos por medio de la muerte de su Hijo, quien se hizo hombre. Dios lo hizo así para que ustedes pudieran presentarse ante él sin pecado y libres de culpa» (Colosenses 1:19–22 TLA).

Vistiendo el traje naranja de la cárcel, el joven de veintidós años esperaba que se dictara su condena. Cierto día, hacía tres años, había gastado su último centavo comprando una bolsita de cocaína por veinte dólares. En dos días la consumió toda. Unos meses antes había robado una pistola de la casa de un pariente. Ahora pondría su plan en marcha. Fue al negocio de la esquina, y blandiendo el arma, pidió al cajero que le diera todo el dinero. A los pies del cajero jugaba su hijo de tres años. Para que el cajero se diera prisa, el muchacho apuntó con la pistola al niñito, que jugaba con sus cochecitos. El cajero vació inmediatamente la caja registradora y le entregó quinientos dólares. Mientras el muchacho recibía el dinero, le dijo al cajero que, si reportaba el robo a la policía, lloraría la muerte del «chamaquito ese que tiene ahí». Tres días más tarde, el ladroncillo regresó al negocio y, con una mirada amenazante, se llevó un par de cartones de cerveza. Sin embargo, el cajero estaba preparado. Había instalado una alarma silenciosa. En pocos minutos, la policía atrapó al delincuente con las manos en la masa. Ahora, en el tribunal, el juez se preparaba para dictar la sentencia. La madre, entre el público, se secaba las lágrimas con un pañuelo. «¿En qué momento se me fue de las manos?», repetía.

Hoy muchos acusan a Dios de que la humanidad se le fue de las manos. El ser humano se ha convertido en el peor malcriado, cometiendo agresión contra todo; contra su prójimo, contra su planeta, e incluso contra sí mismo. Sin embargo, la verdad es que, cuando Dios creó el planeta, dejó al ser humano a cargo de todo. Dijo a nuestros primeros padres: «Quiero que se reproduzcan, se multipliquen, llenen la tierra y la pongan bajo su dominio» (Génesis 1:28). Los dotó de las mejores facultades para preservar nuestro planeta como un paraíso para todas sus criaturas. Pero pronto, fue el propio ser humano quien se salió de las manos de su Creador. Quiso hacer todo a su manera, sin amor, ni gracia, ni gratitud. ¿El resultado? Odios, agresiones, luchas, guerras, contaminación de su propia alma y, por tanto, de su propio planeta. Sin embargo, hace dos mil años, Dios intervino. Llegó inesperadamente en carne humana, en el niño de Belén, «y por medio de Cristo, Dios hizo que todo el universo volviera a estar en paz con él. Y esto lo hizo posible por medio de la muerte de su Hijo en la cruz. Ustedes estaban lejos de Dios y eran sus enemigos, pues pensaban y hacían lo malo. Sin embargo, ahora Dios los ha declarado justos por medio de la muerte de su Hijo, quien se hizo hombre. Dios lo hizo así para que ustedes pudieran presentarse ante él sin pecado y libres de culpa» (Colosenses 1:19–22 TLA). Cuando recibas esta paz por gracia, a través de la fe, jamás perecerás, y ¡nadie te arrancará de sus manos! Esa es nuestra nueva realidad; jamás saldremos de sus manos. ¡Confiésala! De su regazo, ¡nadie —ni siquiera tú— te podrá arrancar jamás!

29

¿Qué es lo mejor para los niños?

> «Cristo Jesús, aunque era Dios [...] renunció a sus privilegios divinos; adoptó la humilde posición de un esclavo y nació como un ser humano [...] se humilló a sí mismo en obediencia a Dios y murió en una cruz como morían los criminales [...] para que, ante el nombre de Jesús, se doble toda rodilla [...] y toda lengua confiese que Jesucristo es el Señor para la gloria de Dios Padre» (Filipenses 2:5–11 NTV).

Él era ciudadano de un país latinoamericano. Ella, ciudadana de Estados Unidos. Él había cruzado la frontera sin papeles. Consiguió trabajo como jardinero en la casa de una familia. Una de las hijas se enamoró del joven. Si se casaban, le daría los papeles de residencia. Los amores se volcaron en pasión, y en poco tiempo, ella dio a luz a mellizas. Dos niñas de piel canela, rubias, de ojos azules. Sin embargo, la madre se dedicó al vicio de las drogas. Un día, la policía la arrestó comprando drogas y fue a parar a la cárcel. Cuando el padre llegó del trabajo, la madre estaba arrestada, las niñas en un hogar de acogida, y la policía de inmigración lo esperaba. En pocos días lo deportaron a una ciudad fronteriza. Por ley, el Tribunal de Menores tiene la obligación de buscar al pariente más cercano para cuidar de los niños. Los tratados entre los dos países obligaron al tribunal a buscar al padre, y las autoridades lo encontraron. Vivía en una sencilla casa de ladrillo, limpia, con agua potable, luz, y dos dormitorios, pero sin ninguna otra comodidad. Al otro lado de la frontera, las niñas vivían con unos médicos acaudalados que no podían tener hijos. Tenían todas las comodidades: muñecas, vestiditos, televisores, ositos de peluche, bicicletas. Cada una tenía incluso su propia niñera que atendía sus necesidades. El juez solo debía guiarse por una norma: ¿Qué es lo mejor para los niños? La ley siempre supone que lo mejor para los niños es estar con al menos uno de sus padres, que no tenga problemas con la ley, y que esté legalmente autorizado para cuidarlos. En este caso, los abogados del tribunal de menores alegaban que lo mejor para las niñas era quedarse con sus padres de acogida. Allí lo tenían todo. La abogada del padre alegaba que este, aunque vendía helados en un carrito y limpiaba vidrios en su país, era la persona señalada por la ley, y daría a las niñas lo que ningún juguete ni niñera podría darles: el amor de un padre. ¿Qué decisión tomarías tú? ¿Qué sería lo mejor para las niñas?

En el tribunal divino, la decisión ya se tomó. Nuestro Padre eterno se hizo carne y vino a rescatarnos a esta tierra como si fuera un limpiavidrios y un vendedor de helados ambulante. Así es como Dios ganó nuestra paternidad: «Cristo Jesús, aunque era Dios [...] renunció a sus privilegios divinos; adoptó la humilde posición de un esclavo y nació como un ser humano [...] se humilló a sí mismo en obediencia a Dios y murió en una cruz como morían los criminales [...] para que, ante el nombre de Jesús, se doble toda rodilla [...] y toda lengua confiese que Jesucristo es el Señor para la gloria de Dios Padre» (Filipenses 2:5–11 NTV). Así llegó a ser el Padre de toda la humanidad, y rescató a los malos de su maldad, y a los buenos de su orgullo. Hoy nos extiende la mano para llevarnos a su hogar. ¿Le darás la tuya? Es más, ya te tomó de la mano y te está llevando a su hogar. Y, mejor aun, jamás te soltará: «... yo les doy vida eterna, y no perecerán jamás, ni nadie las arrebatará de mi mano» (Juan 10:28). No hay duda alguna. Él es lo mejor para ti y para mí. Nuestro pasado, presente y futuro están seguros en él. No te dejará ni te abandonará —¡ni por un solo instante de nuestra fe titubeante!—.

30

Cuando el juez te revuelca

con preguntas

«No lleves a juicio a tu siervo, pues ante ti nadie puede alegar inocencia»; «Dios es como un padre con sus hijos, tierno y compasivo con los que le temen. Pues él sabe lo débiles que somos; se acuerda de que somos tan solo polvo» (Salmo 143:2 NVI; 103:13 NTV).

A primera vista, el juzgado de menores para infracciones de menor grado parecería tener poca importancia... hasta que el juez mismo es quien te investiga. Una niña de dieciséis años había recibido una citación por faltar a clase. El juez interrogó a la joven: —Dime qué pasó. Si me das una buena razón, te perdono la multa. —Bueno, perdí el bus escolar. —Y ¿por qué? —Es que me desperté tarde. —¿Acaso no tienes un despertador con alarma? —No. —Tienes celular, ¿no es cierto? —Es de mi mamá, y no lo sé usar. —Entonces, ¿cómo te despiertas? —Mi mamá me despierta. —En la sala, yo le traducía a la madre. —Señora —le preguntó el juez—, ¿usted la despierta a tiempo? —Así es, su Señoría. —Luego, el juez dijo a la joven: —Si tu mamá te despierta a tiempo, ¿por qué llegas tarde a la parada del bus? —Es que después me quedo dormida. —Y ¿tu madre no viene a despertarte otra vez? —No, ella se tiene que ir a trabajar. —Y esa mañana que llegaste tarde a la parada del bus, fue una de esas mañanas? —Sí. —Y una vez que llegaste tarde,

¿qué hiciste? —Me fui caminando al colegio. —¿Cuánto tiempo te toma esa caminata? —Media hora. —Pero aquí el policía anotó que te dio la papeleta una hora después, y todavía estabas en la parada del bus. —Bueno, es que estaba pensando en irme caminando al colegio. —Entonces no era verdad que te habías ido caminando al colegio. —Parece que no... —Y ¿qué estabas haciendo todo ese tiempo? —Estaba con unos amigos en el parque... —¡Culpable! ¡Veinte días de trabajos comunitarios! —exclamó el juez.

La Escritura habla de David, a quien llama «El Señor se ha buscado un hombre según su corazón» (1 Samuel 13:14 RVA2015). Sin embargo, cuando este hombre recto pensó que tendría que presentarse ante su Juez Creador, suplicó: «No lleves a juicio a tu siervo, pues ante ti nadie puede alegar inocencia» (Salmo 143:2 NVI). ¿Cómo te sentirías si el Juez, que conoce tu corazón mejor que tú, te interrogara sobre tu fidelidad a tu marido, o a tu esposa? ¿Y si te preguntara qué piensas realmente de tus jefes, o de tus compañeros de trabajo, de clase, o de tu maestra? ¿Y si te preguntara por tu honradez en el trabajo, en tus tareas, en los exámenes? ¿Y si preguntara a los hijos por todos los pretextos que usan delante de sus padres? No lo soportaríamos. Tarde o temprano, bajaríamos el rostro.

Jesús, tu Cristo, es el único inocente ante Dios, pero él no te lleva a ninguna indagatoria. Simplemente ignora tus pretextos y coartadas. En cambio, se presenta ante el Padre para dar la cara por todas las mentiras de tu vida. Pero no se presenta con tu vida, sino con la suya. Ofrece su vida pura, santa, justa y buena en lugar de la tuya. Frente a esa prueba contundente, Dios nos perdona. «Dios es como un padre con sus hijos, tierno y compasivo con los que le temen. Pues él sabe lo débiles que somos; se acuerda de que somos tan solo polvo» (Salmo 103:13 NTV).

¿Qué harías si fueras juez?

> «Nos escogió en él antes de la fundación del mundo, para
> que fuésemos santos y sin mancha delante de él, en amor
> habiéndonos predestinado para ser adoptados hijos suyos por
> medio de Jesucristo» (Efesios 1:4–5 RV60).

Dos familias. Tres niños. Un juez. Hace unos dos años, los padres
perdieron la custodia de sus hijos. Habían sido arrestados por
consumo y venta de drogas prohibidas. El tribunal de menores dio
la custodia a los abuelos paternos. En ese entonces, los niños tenían
uno, dos, y tres años. Ahora la madre pedía al juez la custodia de
sus hijos. ¿Sus razones? Llevaba más de un año sobria, tenía un
buen trabajo, tenía su propio apartamento, su vida había cambiado.
Los abuelos maternos testificaron que todo era cierto; que cuando
los niños venían a visitar a la madre disfrutaban mucho, pero
que, cuando era tiempo de volver donde sus abuelos paternos, se
escondían y lloraban para no volver con ellos. Por su parte, los
abuelos paternos decían que los niños ya eran como sus hijos, que la
madre aún no cambiaba, que tal vez lo haría más tarde, pero que a los
niños no les faltaba nada viviendo con ellos. La madre rebatía esos
argumentos diciendo que el papá de los niños aún consumía drogas,
y que, cuando visitaba a los niños, se presentaba drogado. Los padres
del joven decían que, antes de dejarlo entrar, lo registraban para
ver si tenía drogas escondidas en su ropa, y que no representaba

peligro alguno para los niños. La madre pedía al juez que ordenara un control de drogas para el padre antes de cada visita, y decía que ella sí quería la custodia. Si fueras el juez, ¿qué decisión tomarías? ¿Se los devolverías a la madre, o se quedarían con los abuelos paternos?

En el tribunal divino se toma una decisión muy radical y sin vacilaciones. Nuestro Padre celestial no está dispuesto a compartir la custodia con el enemigo de nuestras almas, de nuestro cuerpo, y de nuestra misma existencia. El Padre de todo amor decide que él mismo adoptará a los niños, luego a toda la familia materna, y luego a toda la familia paterna. Así, todos serán miembros de su propia familia real. ¿Radical? ¿Improbable? De ninguna manera. De hecho, es lo que ya sucedió en la cruz. Allí, Jesucristo pagó el precio de nuestra adopción. La Escritura dice: «Dios nos amó tanto que decidió enviar a Jesucristo para adoptarnos como hijos suyos, pues así había pensado hacerlo desde un principio» (Efesios 1:5 TLA). Jesucristo es nuestro hermano mayor, y él nos reclama como sus propios hermanos en su misma familia. No nos adoptó porque éramos bellos o inteligentes, sino porque estábamos «muertos en nuestros delitos y pecados» (Efesios 2:1 Paráfrasis del autor). La gracia nos recuerda que fuimos adoptados en un cuerpo ajeno, el cuerpo de Cristo. Cristo es el Hijo legítimo. Nosotros somos adoptados en él. De otro modo, somos ilegítimos. Dios «nos escogió en él antes de la fundación del mundo, para que fuésemos santos y sin mancha delante de él, en amor habiéndonos predestinado para ser adoptados hijos suyos por medio de Jesucristo, según el puro afecto de su voluntad, para alabanza de la gloria de su gracia, con la cual nos hizo aceptos en el Amado» (Efesios 1:4–6 RV60). ¡Sí! Para alabanza de su gracia, porque ¡es una adopción irrevocable! ¡Pertenecemos a la familia divina por toda la eternidad!

32

Inocente hasta que se demuestre lo contrario

> «Pero gracias a Jesucristo, que murió por nosotros, Dios nos declara inocentes y nos da la vida eterna. O sea, que la desobediencia de uno solo hizo que muchos desobedecieran, pero por la obediencia de Jesús, Dios declaró inocentes a muchos» (Romanos 5:18–19 TLA).

El juez estaba instruyendo al jurado: —Ahí está el acusado. Ha sido demandado por violar a una menor. Es un delito grave. La ley les exige a ustedes, los jueces de las pruebas, que lo tengan por inocente hasta que se demuestre lo contrario. —Se oyó un murmullo entre el público, pues allí estaba la familia de la víctima. Ellos ya lo tenían por culpable. Ahora, el día del juicio, el juez instruía al jurado que tuvieran a «ese pervertido» por inocente. El juez prosiguió sin perturbarse: —No deben basarse en que él haya sido arrestado ni acusado por este delito. Al determinar su culpa o inocencia, solo deben fiarse de las pruebas que aportarán los testigos del caso. Jurado número Cinco: ¿Puede usted tener al acusado por inocente? —Bueno —dijo el Cinco—, mi opinión es que, donde hay humo, hay fuego. Si lo tienen ahí, por algo será. —El juez continuó: —Número Diez: Ahora mismo, si usted tuviera que dar su opinión sobre el acusado, ¿qué diría: culpable o inocente? —El Diez respondió: —Francamente, para mí, él tiene cara de culpable, y si lo arrestaron por cometer algo así, yo diría que es más bien culpable. —El juez respondió con una pregunta: —Así que ustedes dos, sin escuchar ninguna prueba ni testigo, ¿ya lo declaran culpable? ¿Qué tal si se trata de una identidad equivocada?

En el tribunal divino no existe la presunción de inocencia, sino la presunción de culpa. Todos somos culpables hasta que se presente una vida pura, recta, rebosante de amor perfecto, sin defecto, repleta de fe constante, libre de toda duda, y sin vacilación de sentimientos ni en el más fugaz instante. Allí no cabe la presunción de inocencia, «por cuanto todos pecaron y están destituidos de la gloria de Dios» (Romanos 3:23 RV60). Ni siquiera se necesitan pruebas de nuestra culpa; basta con la culpa de Adán: «Por el pecado de Adán, Dios declaró que todos merecemos morir». Con nuestra manera de vivir y de pensar, tan solo damos prueba de que tenemos un mismo padre, Adán. «Pero gracias a Jesucristo, que murió por nosotros, Dios nos declara inocentes y nos da la vida eterna. O sea, que la desobediencia de uno solo hizo que muchos desobedecieran, pero por la obediencia de Jesús, Dios declaró inocentes a muchos» (Romanos 5:18–19 TLA). Ante Dios, ninguno de nosotros es condenado por identidad equivocada: somos igualitos a nuestro papá. Rebeldes, hipócritas, farsantes, ladrones, y hasta asesinos —si no en los hechos, en nuestros pensamientos—. Por eso necesitamos que, ante Dios, nuestro lugar sea ocupado por la vida de otro, y esa vida está en su Hijo. En él hay una justicia infinita, un amor sin límites ni condiciones, y una gracia que alcanza hasta el más perverso y torcido corazón. Esa justicia que hay en él es nuestra solo por fe. Sin fecha de vencimiento. Solo él tiene presunción de inocencia ante Dios. Y esa presunción de inocencia es el regalo que Dios te ofrece cuando te aferras a la justicia de su Hijo Jesucristo. Confiésalo hoy: «Cristo pagó mi culpa, ¡soy inocente ante Dios!». Ahora, ¡el Espíritu Santo te hará dar sorprendentes frutos de inocencia!

Niños en manos de necios

«No los dejaré huérfanos»; «... estaré con ustedes hasta el fin del mundo»; «No te dejaré, ni te desampararé» (Juan 14:18 RV60; Mateo 28:20 PDT ; Josué 1:5 RV60).

Casi siempre, cuando el Tribunal de Menores ordena quitarle los niños a una madre, esta reacciona desesperadamente, con lágrimas, sollozos, gritos, preguntando ansiosamente cuándo y cómo podrá visitar a sus hijos. Esta ocasión fue una de las excepciones. La madre, con una plácida mirada, apoyaba su cabeza en el hombro del joven que estaba a su lado. Este era guapo, fornido, de ojos castaños claros y cabello corto rizado. Su mano acariciaba suavemente la mano de la madre mientras respondían las preguntas del abogado. Los niños ya habían sido detenidos, pero la madre no mostraba ni la menor angustia. El incidente que causó la detención de los dos niños, uno de siete y el otro de cinco, se reveló poco a poco. Según la parejita, esa noche una tormenta provocó un apagón de luz en la zona. Como era tarde, decidieron ir a comprar linternas, dejando a los niños solos en la casa. Pero ¿en casa de quién estaban? En la casa de la esposa de aquel joven tan apuesto. El joven no era el padre de ninguno de los dos niños, ni tampoco el esposo de la madre de los niños. Eran amantes. Ese día, la esposa del joven trabajaba en el turno de noche de un casino cercano y no regresaría hasta la mañana siguiente. Sin embargo, se enfermó y decidió volver a casa. Al abrir la puerta, encontró a dos niños desconocidos durmiendo profundamente en el sofá de su casa. Poco después, su esposo llegó con su amante, la madre de los niños... Se armó un escándalo, un vecino llamó a la policía, y cuando esta llegó, detuvieron a los niños acusando a los padres de negligencia. Adiós al matrimonio del joven, y adiós a los hijos de su amante. Furia y decepción para la esposa engañada. Sin embargo, una madre sentada muy plácidamente al lado de su amado.

El Gran Juez divino hizo un pacto con su Hijo. Este vendría a la tierra para quitarle la potestad a un terrible guardián que nos había secuestrado y esclavizado. Nos tenía abandonados en las tinieblas de esta tierra, expuestos a nuestro propio odio, egoísmo e incesante frenesí. El Hijo se hizo carne, y desde un pesebre comenzó a buscarnos hasta encontrarnos en una cruz. Esto causó un escándalo, pues a muchos los ofende la sola idea del «Hijo de Dios», y aun más la cruz, la sangre derramada, y una vida sacrificada como precio de rescate. No obstante, sin importar quién se escandalice, así es como fuimos rescatados y trasladados al Reino del Hijo, donde, por su gracia, ya entramos a nuestro nuevo hogar. En este hogar no hay duda sobre la identidad de nuestro Padre. No se necesita una prueba de ADN para establecer paternidad. Solo hay que ver las heridas en sus manos, en su costado, y en sus pies. Solo hay que entender el profundo cariño paternal y maternal con que nos trata. «No los dejaré huérfanos, estaré con ustedes hasta el fin del mundo. No te dejaré, ni te desampararé. No temas ni desmayes, que yo soy el Señor tu Dios, y estaré contigo por dondequiera que vayas. Mi paz os doy, mi paz os dejo. No se turbe vuestro corazón, ni tenga miedo» (Juan 14:18 RV60; Mateo 28:20 PDT; Josué 1:5 RV60; Juan 14:27).

34

¿Cerveza en el biberón?

> «El que come mi carne y bebe mi sangre tiene vida eterna, y yo lo resucitaré en el día final. Porque mi carne es verdadera comida y mi sangre es verdadera bebida» (Juan 6:54–55 RVA).

Los gestos de la madre imitaban el vaciado de una lata de cerveza en un biberón. «Y es que yo tenía que arrebatarle el biberón de sus manos, porque de otro modo le hubiera dado cerveza en el biberón al niño, y eso pasó más de una vez. No sé si logró hacerlo a mis espaldas, pero yo siempre tenía que estar pendiente. Javier casi siempre anda borracho; por eso, cada rato quiere darle cerveza al niño. Pero el niño apenas tiene año y medio. Es por eso que estoy pidiendo la medida de protección. Todo comenzó cuando le celebramos el primer cumpleaños al niño. Javier se emborrachó antes de comenzar la fiestecita. Cuando llegaron los invitados con sus niños, él ya andaba borracho, tambaleando, saludando a las visitas. Yo no sabía que hacer. Cuando nos reunimos para cortar el bizcocho, él agarró al niño, puso el bote de cerveza que tenía en la mano en los labios del niño, y comenzó a darle sorbitos de cerveza. La gente comenzó a gritar, yo fui corriendo y le arrebaté la lata de cerveza de la mano y le limpié la boquita al niño. Frente a las visitas, me pegó en la cara diciendo que lo había avergonzado ante sus amigos. Yo me puse a llorar, tenía el niño a mi lado, pero Javier me lo quitó y se lo llevó así borracho. Cuando volvió, me corrió de la casa con el niño; nos dejó en la calle. Por eso ahora pido protección y que él se salga de la casa». Allí no hubo ningún cumpleaños feliz, sino una celebración fallida. El odio y el egoísmo no regalan nada, aunque se sirvan en un biberón.

Pero ¿cómo habrán celebrado José y María el primer cumpleaños del niño Jesús? Los judíos no celebraban el día del natalicio, sino la primera pascua. De modo que comieron pan sin levadura con hierbas amargas. Unos veintinueve años después, él celebró su propia pascua: el nuevo pacto que hizo con Dios en nuestro favor. Un pacto único que selló con su sangre, y del cual nos hizo partícipes por pura gracia. Él tomo la copa, y la puso en nuestros labios. «Y habiendo dado gracias, nos dio, diciendo: "Bebed de ella todos; porque esto es mi sangre del nuevo pacto, que por muchos es derramada para remisión de los pecados. Y os digo que desde ahora no beberé más de este fruto de la vid, hasta aquel día en que lo beba nuevo con vosotros en el reino de mi Padre"» (Mateo 26:27–29 RV60). Allí estamos tú y yo. Allí está esa madre y su niño de nuestra historia, pues «por muchos la sangre es derramada para perdón de pecados». Oremos por el padre borrachín. Pero nuestro Padre celestial se goza como un verdadero padre, loco de amor por sus hijos. Nos da la copa que no merecemos, la copa llena de gracia y de perdón. Pero él bebió de la copa que sí merecemos: la copa amarga de la ira de Dios, derramada sin misericordia sobre su cuerpo santo e inocente. Por eso dijo: «Si no comen la carne del Hijo del Hombre ni beben su sangre, no tienen realmente vida. El que come mi carne y bebe mi sangre tiene vida eterna, y yo lo resucitaré en el día final. Porque mi carne es verdadera comida y mi sangre es verdadera bebida. El que come mi carne y bebe mi sangre permanece en mí y yo en él» (Juan 6:53–56 NVI). Ese es el vino que él pone en nuestros labios para nuestra salvación.

35

No es mi hija

«Pues ustedes no han recibido un espíritu que los esclavice nuevamente al miedo, sino que han recibido el espíritu de adopción, por el cual clamamos: "¡Papi! ¡Papá!"» (Romanos 8:15 Paráfrasis del autor).

«Y ahora, porque estás con otra, y a ella le molesta la niña, ¿ya no la quieres como hija?». El disgusto se escuchaba entrecortado en las palabras de la joven. La escena se desplegaba ante el juez, que a duras penas pudo controlar a la joven y su expareja, pues tampoco habían estado casados. Pero ahora, ella lo demandaba por manutención y para que visitara a su hija. El joven, tras haberse comportado como el papá de la niña, ahora declaraba que no era de él, sino que, cuando se juntó con la mamá de la niña, ella ya estaba embarazada. Cuando la niña nació, él declaró y firmó que era el padre, aunque sabía bien que la niña no era de él. Ahora, se presentaba ante el juez declarando que no era el padre, que no tenía la obligación de pagarle manutención a la madre, y que no tenía el deber de visitar a la niña. El juez le preguntó: —¿La niña lo llama «papá»? —Pues es lo que la mamá le dice que me llame. —El juez no se perturbó; continuó la indagatoria. —Y ¿usted le dice «hija» a la niña? —Bueno, cuando era más chiquita. Ahora no, porque no quiero que piense que soy su papá. Es que Maritza no es mi hija. —El juez cambió su semblante. —Mire joven, los niños no son muñecos que usted puede tirar a la basura cuando quiera. Ante la ley, ante la niña, y ante usted mismo, usted es el padre. ¡Pague la manutención indicada, y visite a su hija; usted es el único padre que tiene!

Nuestro Señor Jesucristo se enamoró de nosotros cuando todavía estábamos muertos en «nuestros delitos y pecados» (Efesios 2:1 Paráfrasis del autor). Aunque el engañador, acusador y enemigo de Dios, el diablo y Satanás, nos reclama como sus hijos, Jesucristo no nos dejó en sus crueles manos. Fue a la cruz y allí nos arrebató para siempre de nuestro falso padre. Él mismo nos adoptó como hijos e hijas y nos dio toda su herencia. «Porque el Espíritu que Dios les ha dado no los esclaviza ni les hace tener miedo. Por el contrario, el Espíritu nos convierte en hijos de Dios y nos permite llamar a Dios: "¡Papá!". El Espíritu de Dios se une a nuestro espíritu, y nos asegura que somos hijos de Dios. Y si somos hijos, somos herederos; herederos de Dios y coherederos con Cristo, pues si ahora sufrimos con él, también tendremos parte con él en su gloria» (Romanos 8:15–17 TVA). Esta es nuestra realidad cuando en verdad podemos decirle a Dios «que, a pesar de todas mis dudas, problemas y conflictos, creo que soy tu hijo [o tu hija], y que no ando desamparado en esta vida, sin nadie que me quiera, o que me comprenda». Dios no es un Padre antojadizo, que hoy nos quiere, nos adopta, y mañana nos abandona. Eso es lo que nuestro enemigo quiere que pensemos para entonces engañarnos con sus atractivos. Si le hacemos caso, caemos en las garras de un destructor, y no de un Salvador. Tenemos Papá, ¡y para siempre! ¿La prueba? La sangre que su Hijo derramó en la cruz, el precio de nuestro rescate, el precio de nuestra adopción. Su juramento de tomarnos como hijos es irrevocable. ¡Somos hijos e hijas de Dios por la eternidad!

36

El pastor fuera de control

«Porque por gracia ustedes han sido salvados mediante la fe; esto no procede de ustedes, sino que es el regalo de Dios, no por obras, para que nadie se jacte» (Efesios 2:8–9 NVI).

Era un pastor joven. Se iniciaba en una iglesia grande, como pastor de jóvenes y niños. Todo iba bien hasta que llegó Francesca, una niña de trece años. Incorregible, incontrolable, mal hablada, descarada, traviesa, y llena de energía. La madre la mandó a la iglesia como último recurso. Al instante, todo cambió en el grupo de jóvenes. Nacho, el pastor, en poco tiempo comenzó a perder la paciencia. Francesca le arrebató el control del grupo y los hizo reír con muecas y gestos de mofa burlándose del pastor, de la Biblia, y de toda autoridad. Hasta que un día, el pastor Nacho perdió la paciencia. Frente a todo el grupo, le dio un par de bofetadas para calmarla, y tirando de ella por el pelo, la sentó en la banca. Finalmente, Chesca se calmó… pero no del todo. Al llegar a casa, contó a sus padres lo que había pasado. Antes de cayera el sol, la policía llegó a la casa del joven pastor. Sí, lo arrestaron. Lo llevaron a la comisaría. Lo dejaron libre bajo el compromiso de que se presentaría en el tribunal para responder a los cargos de abuso contra una menor de edad. Llegado el día, se presentó sin abogado defensor. El juez le impuso clases de manejo de ira, dos mil dólares por los daños y perjuicios causados a la niña, y cuarenta horas limpiando basura en las autopistas. Si cumplía con todas estas condiciones, su expediente quedaría completamente limpio. ¿Castigo justo, o desmedido? Juzga tú. Pero el pastorcito cumplió, su expediente se borró, y la iglesia lo reinstauró como pastor de jóvenes.

Ojalá fuera tan fácil limpiar nuestro expediente ante el tribunal divino. Que, con unas cuantas buenas obras, pudiéramos obtener el visto bueno del Juez del universo. Pero nuestro corazón es tan rencoroso que, muy piadosamente, presentaríamos nuestras quejas y pretextos para defendernos ante Dios: «¿Qué? ¿Acaso esa niña no se merecía el castigo? ¡Es porque sus padres no la castigaban! Yo, un ministro de Dios, ¡limpiando botellas de cerveza en esta peligrosa autopista! Mi tiempo es más valioso; debería estar enseñando la palabra de Dios a los verdaderos pecadores. No sé por qué Dios me mandó esa niña a la iglesia». ¿Podríamos justificarnos ante Dios con ese palabrerío interno? No podemos borrar nuestro expediente con nuestras propias obras. Dios solo acepta un expediente perfecto, limpio de cualquier antecedente y de cualquier queja —hablada o silenciosa—. No hay ser humano que pueda presentarlo, excepto uno... su Hijo Jesucristo, a quien Dios envió para tomar nuestro lugar. Él presenta su vida perfecta en beneficio nuestro. No nos hace callar con mano dura, sino que nos gana con su inmenso amor. «Porque por gracia ustedes han sido salvados mediante la fe; esto no procede de ustedes, sino que es el regalo de Dios, no por obras, para que nadie se jacte» (Efesios 2:8–9 NVI). Así es como el Señor nos tapa la boca, nos calma y nos disciplina. Nos muestra la cruz, y desde allí, nos dice: «Te descarriaste como oveja, pero aquí estuve en tu lugar».

37

¿De las bromas al amor?

> «Con amor eterno te he amado; por eso te sigo con fidelidad»;
> «... tengo tu nombre escrito en las palmas de mis manos»
> (Jeremías 31:3 NVI; Isaías 49:16 Paráfrasis del autor).

El joven, de unos treinta y cinco años, le insistía al juez que le otorgara una medida de protección contra una muchacha de la misma edad. Cuando el juez le preguntó sus razones, respondió: —Es que no me deja quieto, me sigue por todos lados, siempre me está llamando y enviando textos. —Pero esa no es razón alguna. Su vida no está en peligro; no necesita protección. Ella no lo agrede ni lo amenaza. ¿Tiene alguna otra razón? —Sí —dijo el hombre—, esta carta. —El juez me pidió traducirla: «Amor, confieso que, lo que comenzó con bromas en el trabajo, para mí se transformó en amor. No quiero que me dejes. No me olvides. Te amaré por siempre. Discúlpame por parecer una niña, confesándote...». —Alto, alto —dijo el juez—. No es necesario que lea más. Ahí no hay amenazas; ni siquiera insultos. Es una carta de amor. —Sí, su Señoría, pero es que yo ya no quiero nada con ella. —Bueno —dijo el juez—, es que aquí yo no puedo dictar sobre sus sentimientos ni los de ella. No hay fundamento para la medida de protección. —Luego se dirigió a la muchacha: —¿Usted todavía quiere algo con él? —No, contestó fríamente. —Y usted señor, ¿quiere algo con ella? —Tampoco, señor juez. —Entonces, caso resuelto. Cada cual para su casa.

Pero al salir de la sala, el muchacho me llevó a un lado y me contó la triste historia. «Es que yo estoy casado, y tengo dos niñas. Cometí el error de meterme con esta chica. Ahora no me la puedo quitar de encima. Ella incluso me engañó mientras estaba conmigo. Mi señora siempre me fue fiel, pero ahora me pide el divorcio, y las niñas no me quieren ver. Perdí mi hogar por dejarme llevar por una falsa atracción. Mi esposa me pidió que consiguiera una medida de protección contra esa mujer, pero ahora que el juez no me la dio, no sé que voy hacer, ni qué va a decir ella. Ojalá la pueda convencer».

Así somos nosotros ante Dios y el prójimo. Infieles, inconstantes, incrédulos, nos dejamos llevar por falsas atracciones. Demasiado tarde nos damos cuenta de que lo hemos perdido todo. Sin embargo, Dios nos encuentra en nuestra miseria. Su manera de sanarnos es audaz, arriesgada. Nos ofrece un amor mucho más apasionado que cualquier otra pasión o amor que podamos encontrar. Es el amor de su Hijo, que reemplaza nuestra miseria por la infinita riqueza de su gracia y perdón. Él no es ningún amante falso que nos ofrece un amor barato. Nos persigue hasta encontrarnos, y contra ese amor, no hay medida de protección alguna. «Con amor eterno te he amado; por eso te sigo con fidelidad»; «... tengo tu nombre escrito en las palmas de mis manos» (Jeremías 31:3 NVI; Isaías 49:16 Paráfrasis del autor). —Todo el amor de mi Hijo es tuyo; su vida, su muerte, su fidelidad, su pureza; todo es tuyo. No te falta nada para vivir conmigo por la eternidad... —Y ¿a cambio de qué? —A cambio de nada. ¡Yo sé que conquistaré tu corazón! «Las muchas aguas no podrán apagar el amor, ni lo ahogarán los ríos» (Cantares 8:7). «¿Quién nos separará del amor de Cristo? ¿Tribulación, o angustia, o persecución, o hambre, o desnudez, o peligro, o espada? [...] Por lo cual estoy seguro de que ni la muerte, ni la vida, ni ángeles, ni principados, ni potestades, ni lo presente, ni lo por venir, ni lo alto, ni lo profundo, ni ninguna otra cosa creada nos podrá separar del amor de Dios, que es en Cristo Jesús Señor nuestro» (Romanos 8:35 RV60, 38–39 RV60).

38

Cáncer en cuarta etapa

> «Bendice, alma mía, a Jehová, y no olvides ninguno de sus
> beneficios. Él es quien perdona todas tus iniquidades, el que
> sana todas tus dolencias»; «Y por sus llagas fuimos nosotros
> curados» (Salmo 103:2–3 RV60; Isaías 53:5 RV60).

No es la frase que uno espera escuchar en el tribunal de tránsito.
Allí, todo tiene que ver con obligaciones: pagar multas, presentarse
a juicio, ir a la escuela de tránsito, declaración de culpa, declaración
de inocencia... Pero ¿declarar «Tengo cáncer»? No obstante, allí
estaba, un señor de unos 60 años, alto, simpático, de aparente buena
salud, pero con una profunda tristeza en cada línea de su rostro. Se
lo acusaba de haber cometido algunas infracciones de tránsito: no se
había detenido completamente en una señal de alto, usaba el celular
mientras conducía, iba sin cinturón de seguridad. Cuando el juez
le preguntó cómo se declaraba, respondió con un tono firme pero
suave: «Su Señoría, acaban de diagnosticarme un cáncer pulmonar
en etapa cuatro. Tengo el cáncer esparcido por todo el cuerpo. Le
ruego que tenga clemencia y me perdone las multas». Un profundo
silencio sobrecogió la sala. Hasta el juez guardó silencio ante esta
sentencia que solo la vida puede dar: la sentencia de las pocas
esperanzas. Finalmente, el juez rompió el silencio. «¿Tiene algún
comprobante médico?». El acusado sacó una hoja de una carpeta y se
la dio al juez. Tras una breve lectura, este respondió: «Bien, señor;

su multa queda anulada. No debe nada. Mientras pueda, maneje con
cuidado».

Ante el tribunal divino, nuestra situación no es muy diferente.
El cáncer del pecado se halla esparcido por todo nuestro ser. ¿Los
síntomas? Rebeldía contra Dios, confiando en que, si hay un Dios,
se dará cuenta de que no somos tan malos y nos dará acceso a la vida
eterna. Además, siempre juzgamos al resto, codiciamos los éxitos de
otros, y peor aun, codiciamos secretamente incluso sus triunfos en
la maldad y el pecado. Y el mal está tan arraigado porque, como el
enfermo de nuestra historia, no podemos pagar nuestra deuda ante
Dios pues nuestro mal no tiene remedio. Sin embargo, la historia
de la humanidad no termina con esos nubarrones. La historia de
la pasión del Cristo es más que una simple historia. Es la realidad
de Aquel que tomó nuestro cáncer y lo llevó sobre su propia alma,
pura e inocente. Aquel que sufrió nuestros dolores y quebrantos.
La Escritura nos consuela con las palabras: «Y por sus llagas fuimos
nosotros curados» (Isaías 53:5 RV60). De tal modo que, en la cruz,
él no solo pagó nuestra multa. Tomó nuestro cáncer en su cuerpo
para cubrir el cuerpo nuestro con su propia sanidad y salud, la cual
es su amor, justicia y santidad. Así, todo el que confiesa el nombre
de Jesús puede decir ante el tribunal divino: «El cáncer del pecado
estaba regado por todo mi cuerpo, pero él me lo quitó, y me dio la
perfecta salud de su vida. Ahora me presento ante Dios limpio y sin
mancha». ¿Difícil de creer? Así es la gracia de Dios. Es tan grande
que incluso nos cura a nosotros. «Bendice, alma mía, a Jehová, y
no olvides ninguno de sus beneficios. Él es quien perdona todas tus
iniquidades, el que sana todas tus dolencias, él rescata tu vida del
sepulcro y te cubre de amor y compasión [...]. No nos trata conforme
a nuestros pecados [...]. Se acuerda que somos polvo» (Salmo 103:2–
3, 10, 14 RV60).

39

Su hijo murió, usted
no debe nada

«El amor de Cristo nos apremia, habiendo llegado a esta
conclusión: que uno murió por todos, por tanto, todos
murieron; y por todos murió, para que los que viven, ya no
vivan para sí, sino para aquel que murió y resucitó por ellos» (2
Corintios 5:14–15 RV60).

Dos años después de la muerte de su hijo, todavía vestía de luto. Su
vestido negro con encajes generó una sensación sombría. Cesaron las
risitas y los murmullos nerviosos en el tribunal de tránsito. Cuando
el juez ocupó el estrado, pasó lista enseguida llamando a Juan de la
Cruz Amado. En su lugar, pasó la señora vestida de negro. —Señor
juez —declaró con voz débil pero aguda—, mi hijo no puede estar aquí
porque falleció hace dos años. Aquí tengo su certificado de defunción.
—La alguacil tomó rápidamente el escrito y lo puso en manos del juez.
—Y ¿en qué la puedo ayudar, señora? —replicó el juez. —Vengo a pagar
las deudas de mi hijo. Tenía cuatro multas de tránsito. Según estos
documentos, debe dos mil quinientos dólares. —Señora —respondió
pausadamente el juez—, su hijo murió; usted no debe nada. —Pero,
señor juez, es mi responsabilidad saldar todas las cuentas de mi hijo.
¿Cómo puedo pagar esta suma? Traje todo el dinero conmigo. —El
juez retomó la palabra, esta vez con más énfasis: —Señora, usted

no debe nada. Su hijo ha muerto. Un muerto no debe nada. —Pero, señor juez, como madre, no me siento bien sabiendo que mi hijo dejó estas deudas. Necesito pagarlas. —Señora, señora, escúcheme. La ley requiere que, cuando un acusado muere, sus deudas de tránsito queden perdonadas. —La alguacil tuvo que escoltarla hasta la puerta, pues seguía insistiendo en que tenía que pagar las deudas de su hijo.

Cuando Jesucristo murió en la cruz, todos nosotros morimos en él. El que cree esto, ya no tiene deudas delante de Dios. ¿Por qué? Porque un muerto no debe nada. Esa es la ley del evangelio. Él murió, todos morimos. Es sumamente sencillo, pero el corazón difícilmente lo cree. Vivimos enlutados delante de Dios, queriendo pagar deudas que no tenemos. «Porque de tal manera amó Dios al mundo, que ha dado a su Hijo único, para que todo aquel que en Él cree, no se pierda, mas tenga vida eterna» (Juan 3:16 RV60). «Pues el amor de Cristo nos apremia, habiendo llegado a esta conclusión: que uno murió por todos, por tanto, todos murieron; y por todos murió, para que los que viven, ya no vivan para sí, sino para aquel que murió y resucitó por ellos» (2 Corintios 5:14–15 RV60). Vivimos, pero ya no para pagar nuestra deuda, sino para proclamar que él la pagó. No viviremos pagando deudas, porque no hay deudas que pagar. No podemos presentarnos ante el tribunal divino queriendo pagar a Dios deudas que no debemos. Como en la historia de la señora, el Hijo murió, así que no hay ninguna deuda que debamos pagar. Entonces, ¿qué haremos? Canta, silba, pinta, ama, adora, vive tu vida en alabanza. Tu deuda ha sido perdonada. El Hijo ha muerto en la cruz, y nosotros morimos en él. Y cuando él resucitó de entre los muertos, nosotros resucitamos en él. Nuestra cuenta quedó saldada. Y más aun, ahora somos ricos por el gran tesoro de su justicia. Si no lo crees, entonces ¡créelo en tu incredulidad! De otro modo, podrás intentar pagar lo que no debes, pero el banco del cielo no aceptará la estampa de tu moneda. ¡Allí solo se acepta la divisa con el rostro de Cristo! Alaba a Dios. ¡Tus pecados, que son muchos, han sido perdonados!

¿Cuál es su verdadero nombre?

> «No quiero que mueran los que hacen el mal, sino que se vuelvan a mí y así tengan vida»; «Yo he venido para que tengan vida, y para que la tengan en abundancia»; «Reinarán en vida por uno solo, Jesucristo, los que reciben la abundancia de la gracia y del don de la justicia» (Ezequiel 33:11 Paráfrasis del autor; Juan 10:10 NBLA; Romanos 5:17 RV60).

La señora daba testimonio en un caso de robo armado con intento de asesinato. Había sido cajera en un negocio. Atendía la caja cuando un hombre entró y apuntó a su cara con una pistola. —¡Deme todo el dinero, ahora! —El ladrón, casi rozando su cara con el arma, gritó: —¡Muévase! —La cajera no se acobardó. Sacando valor del miedo, soltó un chillido tan agudo que el ladrón dio media vuelta y salió corriendo de la tienda. Allí se encontró con una patrulla que, por casualidad, pasaba frente al negocio. Atolondrado, el ladrón disparó hiriendo al policía en el brazo. La reacción del policía acompañante le salvó la vida. Disparó al ladrón hiriéndolo en el hombro. En pocos segundos quedó esposado. Todo el testimonio de la cajera favorecía a la fiscalía, que quería cadena perpetua para el ladrón asesino. Hasta que el abogado defensor ocupó el estrado. Yo traducía todo el drama. —Señora, ¿cuál es su nombre verdadero? —Flor Estrella. —Pero ¿acaso usted no trabajaba con el nombre de Margarita Blanca? —Sí, señor. —Entonces, ¿es usted una mentirosa? Díganos, pues está

bajo juramento, ¿cuál es su verdadero nombre? —Flor Estrella. —
Entonces, ¿quién es Margarita Blanca? —Es el nombre que una amiga
me prestó para trabajar, porque no tengo papeles para trabajar en
este país. —Entonces, además de mentirosa, usted es una impostora.
¿Cómo podemos confiar en su testimonio?

El tribunal divino tiene un solo testigo. ¿Su nombre? «El Testigo
Fiel y Verdadero» (Apocalipsis 3:14 RV60). Su alias: Jesucristo.
¿Cuál es su testimonio? Que nosotros somos ladrones, hipócritas,
morbosos, farsantes, y que nuestro amor, que parece tan puro,
además es interesado. Y ese testimonio lo da ante el Juez Supremo
de todo el universo. Entonces, ¿para qué nos sirve su testimonio, si
más bien nos condena? Nos sirve porque, cuando el Juez pasa lista
y pronuncia tu nombre, el Testigo Fiel dice: «Presente». Él toma tu
lugar. Él se declara culpable para tu beneficio. Él recibe tu condena.
Y no es algo que sucederá en el futuro: es algo que ya ocurrió.
«Hecho está». En la cruz, hace casi dos mil años, tú y yo fuimos
juzgados en su cuerpo. Él dio un testimonio fiel y verdadero de que
todo lo escrito sobre nosotros en el registro celestial es verdad. Sin
embargo, por eso mismo tomó nuestro lugar. Porque quiere nuestra
vida, y no nuestra condena. Quiere que vivamos eternamente a
su lado disfrutando de su amor. La Escritura dice: «No quiero que
mueran los que hacen el mal, sino que se vuelvan a mí y así tengan
vida…»; «Yo he venido para que tengan vida, y para que la tengan en
abundancia…»; «Reinarán en vida por uno solo, Jesucristo, los que
reciben la abundancia de la gracia y del don de la justicia» (Ezequiel
33:11 Paráfrasis del autor; Juan 10:10 NBLA; Romanos 5:17 RV60).
Esa voluntad movió el corazón de Dios a dar la vida de su Hijo, que
no miente. Hoy puedes negarle su deseo, pero el corazón de Dios
te perseguirá hasta dentro de tu tumba. Porque allí fue sepultado,
y de allí mismo resucitó. Por eso la Escritura dice: «Subiendo a lo
alto, llevó cautiva la cautividad» (Efesios 4:8 RV60). Escucha, te
dice: «Más fuerte que la muerte es mi amor por ti…» (Cantares 8:6
Paráfrasis del autor).

41

Mi abogado no me ayuda

> «Mis queridos hijos, les escribo estas cosas, para que no pequen; pero si alguno peca, tenemos un abogado que defiende nuestro caso ante el Padre. Es Jesucristo, el que es verdaderamente justo» (1 Juan 2:1 NTV).

Con demasiada frecuencia se escuchan estas palabras de frustración en los labios de los acusados. Y no les falta razón. Varias veces he traducido estas palabras, dirigidas al juez: «No está haciendo nada por mí. Todo lo que hace es aplazarme las audiencias, y no pasa nada. Quiero que me dé otro abogado; este no me sirve. Dice que me va a visitar para hablar de mi caso, de mis defensas, pero siempre son mentiras; nunca aparece. Señor juez, póngame un abogado que me pueda ayudar, al menos para mover el caso, y saber qué va a pasar conmigo». No es simplemente una queja caprichosa; hay un verdadero lamento, frustración, dolor, soledad, angustia, impotencia. Sin embargo, la ley provee un cierto remedio, denominado Audiencia Marsden. Tan pronto como el acusado pide un nuevo abogado, el juez tiene la obligación de suspender toda audiencia prevista, y escuchar los reclamos del acusado. La sala se despeja y el acusado presenta su caso de manera confidencial. Debe demostrar que la comunicación con su abogado, así como la confianza en él, se han roto a tal punto que ya no puede confiarle su defensa. Pero el juez no siempre concede la petición. Más a menudo, desestima la petición y apoya el trabajo del abogado. Esto solo aumenta la desesperación del acusado. Los abogados tratan de explicar a los acusados que solicitar aplazamientos es una manera de cansar al Ministerio Público; de agotar su paciencia. Tarde o temprano, se cansarán del caso, y ofrecerán una sentencia reducida para salir del asunto. No obstante, el acusado solo conoce la incertidumbre de su futuro. Queda a ciegas día tras día…

Pero en el tribunal divino, todo es diferente. ¡Tenemos un abogado excelente, sobresaliente, y único! ¡Él sí ha cumplido todas sus promesas! Él no solo tomó nuestro caso, sino que tomó nuestro lugar, se declaró culpable, recibió la sentencia, y luego subió a la cruz para dar su vida por nuestras culpas y delitos. ¡Eso sí es tener abogado! Con razón la Escritura dice: «Mis queridos hijos, les escribo estas cosas, para que no pequen; pero si alguno peca, tenemos un abogado que defiende nuestro caso ante el Padre. Es Jesucristo, el que es verdaderamente justo. Él mismo es el sacrificio que pagó por nuestros pecados, y no solo los nuestros sino también los de todo el mundo» (1 Juan 2:1–2 NTV). Cuando el Juez divino pasa lista y dice tu nombre, Jesucristo responde en tu lugar. Cuando el Juez divino te pide rendir cuentas de tu vida, Jesucristo presenta su vida perfecta en beneficio tuyo. Y para que confiemos constantemente en que es verdad, nos envía a su Espíritu Santo, que nos lo recuerda a cada instante. En los momentos de duda, cuando sentimos que valemos menos que nada al observar nuestras faltas y defectos, el Espíritu nos dice: «Tienes abogado ante el Padre; es Jesucristo, y tu vida está escondida en él». No necesitas ser tu propio abogado ante Dios. Tienes otro mejor, y es tuyo solo por fe. Él siempre dice de ti: «¡Inocente!». Tu caso ya fue resuelto. No andas a ciegas por la vida preguntándote cuál será tu futuro. Tu «vida está escondida con Cristo en Dios» (Colosenses 3:3 Paráfrasis del autor). Tienes un futuro de vida, y vida en abundancia, para siempre.

42

Me dijeron que mi vida
era ingobernable

> «Si tú, Señor, tomaras en cuenta los pecados, quién, Señor, ¿sería declarado inocente? Pero en ti encontramos perdón, para que te honremos» (Salmo 130:3–4 NVI, DHH).

En menos de veinticuatro horas la multaron dos veces por conducir ebria. La primera, al salir de un club nocturno a las 2 a. m.; la segunda, al salir de otro club, la noche siguiente, a la 1 a. m. El caso anduvo dando vueltas por los tribunales durante casi un año. La situación era compleja pues la señora ya tenía antecedentes. El abogado defensor planteaba que los dos últimos casos debían tratarse como uno solo, por lo que solamente tendría dos casos de conducir ebria. La fiscalía insistía en que debían considerarse por separado, de modo que eran tres, y el tercero era castigable con cárcel. Mientras tanto, en los nueve meses desde el incidente, la señora había ido a 217 reuniones de Alcohólicos Anónimos, y había permanecido todo ese tiempo sobria. Con orgullo, mostró tres hojas gastadas, llenas de las numerosas firmas con que los encargados del programa daban fe de su participación. Su abogado le preguntó: «¿Cómo lograste vencer al alcohol?». Sin titubear, respondió: «Me hicieron ver que mi vida era ingobernable, que no podía controlar mi mente, y que solamente un poder superior podía salvarme del alcohol». ¡Qué paradoja más poderosa! La única manera de gobernar y controlar nuestra vida es admitiendo que somos ingobernables; que hemos perdido el control. Todas esas firmas haciendo constar control, ¡fueron obtenidas declarando que no tenía control! ¡Declarando que solo un poder superior podía salvarla!

En el tribunal divino no es diferente. Declaramos que no podemos hacer ninguna obra lo suficientemente buena como para agradar a Dios. Admitimos que la única obra buena es la de su Hijo. Y así es como agradamos a Dios, pues la única obra buena que Dios conoce es la vida de Jesucristo. Las demás, por más buenas que sean, son pobres imitaciones. Para que el Juez divino nos dé el visto bueno, toda nuestra vida debe estar envuelta en la de su Hijo. Así es como lo agradamos. Cuando le damos todo el crédito a Aquel que subió a la cruz para perdonarnos, es entonces que nos acredita su salvación. Cuando nos declaramos totalmente incapaces de hacer cualquier obra buena para salvarnos, es entonces que podemos comenzar a hacer buenas obras. Pero ¡ay de nosotros si nos felicitamos por cualquier obra buena! David, escritor de los Salmos, y cuya propia vida estuvo llena de altibajos, exclamó: «Si tú, Señor, tomaras en cuenta los pecados, ¿quién, Señor, sería declarado inocente? Pero en ti encontramos perdón, para que te honremos» (Salmo 130:3–4 NVI, DHH). Honramos a Dios haciendo el bien, no para que nos perdone, sino porque ¡en su Hijo ya fuimos perdonados! Ah, pero ¿y la firma que certifica nuestra asistencia al programa? ¡Él ya firmó, con su propia sangre!

¿Cuerdo o loco?

> «Porque la palabra de la cruz es locura a los que se pierden; pero a los que se salvan, esto es, a nosotros, es poder de Dios. […] Pues la locura de Dios es más sabia que la sabiduría humana, y la debilidad de Dios es más fuerte que la fuerza humana» (1 Corintios 1:18, 25 NVI).

La cárcel es una universidad para delincuentes. Allí, los nuevos aprenden de los viejos a delinquir y a defenderse. Una de las formas de defensa que aprenden es hacerse pasar por locos. Cuando el abogado defensor nota que su acusado responde desatinadamente, tiene una mirada distraída, se ríe mucho, permanece muy callado, mueve las manos o las piernas sin sentido alguno, o hace otros gestos similares, pide al juez una evaluación psiquiátrica. El proceso penal se suspende hasta que se reciba el informe médico. Pueden pasar varias semanas. Finalmente llega el informe: Cuerdo, o Demente. Si está cuerdo, el proceso penal se reanuda y debe dar la cara a sus acusadores. Si está demente, se lo remite al hospital mental. Allí recibe tratamiento para devolverlo a sus cinco sentidos de modo tal que pueda defenderse y colaborar con su abogado. En algunas ocasiones, el informe es diferente: El acusado no está loco, sino haciéndose el loco. Está tan cuerdo que sabe cómo hacerse pasar por loco. En cierta ocasión, un abogado me pidió leerle un informe así a la madre del acusado. El médico dejaba las cosas claras: «Se está haciendo el demente. Es posible que las medicinas psiquiátricas le estén causando algunos efectos secundarios que parecen ser demencia, pero no lo es; solo son síntomas de las fuertes medicinas. El muchacho está bien». La madre, que lo conocía mejor, decía entre sollozos: «Es por tanta droga que ha tomado; pero es verdad, él no está loco».

Para el Juez divino, no hay diferencia alguna. O estamos todos locos, o fingimos que estamos cuerdos. Porque es una locura hacer lo que hacemos. Es locura lo que hacemos con el planeta, es locura nuestra forma de consumir, es locura el trato que nos damos los unos a los otros, y es una locura aun mayor pensar que podemos engañar a Dios fingiendo. La peor locura es razonar que no hay Dios, que no hay un más allá, ¡que nuestro futuro está enteramente en nuestras manos! Si fuera así, «¡Que Dios nos libre!». Pero, en realidad, hay uno solo que es cuerdo: el que dijo locuras tales como: «Amarás a tus enemigos»; «Cuando les golpeen la mejilla derecha, pongan también la izquierda»; o «Si les piden un favor, hagan dos». Si todos hiciéramos caso a tales locuras, por fin seríamos un mundo cuerdo. Él único cuerdo del planeta se hizo loco por nosotros, para que, por medio de su locura, nosotros seamos declarados cuerdos. Lo hizo mediante la locura de arrastrar una cruz hasta la cima de un monte llamado Calvario, y entregarse a la muerte para llevar nuestros pecados. «Porque la palabra de la cruz es locura a los que se pierden; pero a los que se salvan, esto es, a nosotros, es poder de Dios. [...] Pues la locura de Dios es más sabia que la sabiduría humana, y la debilidad de Dios es más fuerte que la fuerza humana» (1 Corintios 1:18, 25 NVI).

44

Yo estaba trabajando, y ni cuenta me daba

«De modo que si alguno está en Cristo, nueva criatura es; las cosas viejas pasaron; he aquí todas son hechas nuevas. […] Al que no conoció pecado, por nosotros lo hizo pecado, para que nosotros fuésemos hechos justicia de Dios en él» (2 Corintios 5:17, 21 RV60).

Pocas cosas me causan más dolor como intérprete judicial que tener que traducir a un acusado las siguientes palabras de su abogado: «Usted posiblemente tendrá que pagar con cadena perpetua. Los cargos son muy graves». Esta era solo la instrucción de cargos. Habían dejado este preso para el final; no había nadie más en la sala. Eso sugería que se trataba de algún grave delito sexual. Y efectivamente, así era. Abuso continuo de una menor de edad, por más de diez años. Meritorio de cadena perpetua. Su propia hija. Desde los cinco años hasta los quince. La joven creció, se casó, pero no era feliz. El trauma de su niñez la llevó a un consejero matrimonial. Allí salió toda la triste historia. El consejero se vio obligado a reportar el abuso. En el tribunal solo estaba la esposa del acusado. Por sus mejillas corrían las lágrimas. Al salir, repitió entre sollozos: «Y yo, por estar trabajando, ni cuenta me daba de nada». Desgarrador. Algunos lectores leerán este relato como una mera curiosidad. Espero que a otros les provoque escalofríos. Si alguien se siente aludido, eso es bueno. No sabes el inmenso daño que estás causando: a tu cónyuge, a otros hijos, abuelos, tíos, sobre todo a la propia víctima, y por último, a ti mismo. Estás parado en arena movediza. En cualquier momento, aunque pienses que ya todo pasó y nadie se dio cuenta, te puede esperar toda una vida en una celda de tres por tres metros... con suerte.

Me estremeció el dolor de la esposa y madre. «¿Cómo es posible?», se preguntaba sacudida por el llanto. Se echaba injustamente la culpa: «Yo, por estar trabajando, ni cuenta me daba». Pero en el tribunal eterno, hace muchos siglos, el Juez vio todo este dolor, y dijo: «Me arrepiento de haber creado a la raza humana. Su pensamiento es de continuo el mal. Pero la amo. Ya sé qué hacer. En mi Hijo prepararé un Sustituto, en el cual pondré a toda la humanidad. Allí la destruiré, y allí la volveré a crear». Y así fue. En la cruz, toda la humanidad fue castigada. Y en Cristo, al tercer día de su muerte, fuimos creados de nuevo, en su santo cuerpo, que resucitó glorioso de la muerte. Para todo el que quiera encontrar perdón de tanta maldad, y una vida nueva en plenitud de amor, el remedio ya existe. En él. En su cuerpo molido por nuestros pecados y resucitado como prueba de nuestro perdón y vida eterna. Cuando él nació, tú naciste. Cuando él murió, tú moriste. Cuando él resucitó para vida eterna, tú resucitaste. Ese es tu feliz nacimiento; en él eres una nueva criatura, y para siempre. «De modo que si alguno está en Cristo, nueva criatura es; las cosas viejas pasaron; he aquí todas son hechas nuevas. [...] Al que no conoció pecado, por nosotros lo hizo pecado, para que nosotros fuésemos hechos justicia de Dios en él» (2 Corintios 5:17, 21 RV60). Alaba a Dios por el gran perdón que has recibido. Tu futuro no es una celda estrecha, ¡sino la misma eternidad de Dios!

45

Lo' loco' son ello', que me tienen po' loco

> «Dios, que muchas veces y de varias maneras habló a nuestros antepasados en otras épocas por medio de los profetas, en estos días finales nos ha hablado por medio de su Hijo» (Hebreos 1:2 NVI).

Recuerdo el día como si fuera hoy. Estaba en el tribunal de salud mental. La abogada me explicaba: «Vamos a ver a Pedro. Lo traen cada año para ver si el juez puede declarar que está en su sano juicio. De otro modo, tendrá que quedarse en el hospital mental un año más. Pero es imposible con este señor; ningún intérprete entiende lo que dice, ni puede hablarle de modo que entienda. Se supone que habla español». Se me vino una idea. «¿De dónde es el señor?». La abogada mencionó el país. «Y ¿cuántos años ha estado viniendo para que lo declaren cuerdo?». «Con este ya son ocho. Pero siempre es lo mismo; no le entendemos, ni él nos entiende. Creo que de veras está loco». Yo conocía bien su país. En mi niñez había tenido buenos amigos de allí, y aprendí el acento. «Deme una lista de las preguntas, y el nombre de él. Voy a hablar con él». Fuimos a una celda oscura, atrás, ocupada por al menos ocho personas que, a juzgar por su apariencia, estaban fuera de sí. «Oye Pepe, venacá». Al escuchar su apodo, se incorporó y se acercó a las rejas. Le pregunté: «Oye chico, y ¿cómo e'tá tu 'apá y tu 'amá?». «No, viejo, hace año' que no sé ná, no le' dan salía, y yo aquí encerra'o,

que me tienen po' loco. Pero lo' loco' son ello', que me tienen po' loco».
Obviamente, no estaba loco. Contestó todas las preguntas que le hice,
pero con su acento. La abogada, asombrada, tomó nota. El juez lo
declaró en su sano juicio, ¡y salió libre!

Ciertamente es una locura para Dios recurrir a nuestros idiomas
para comunicar su voluntad de amor. Desde la confusión de los idiomas
en la torre de Babel, nos ha sido difícil entendernos. El idioma escrito,
con sus diferentes signos y matices de significados, ha dificultado aun
más la comunicación divina —así como la humana—. Pero «Dios, que
muchas veces y de varias maneras habló a nuestros antepasados en
otras épocas por medio de los profetas, en estos días finales nos ha
hablado por medio de su Hijo. A éste lo designó heredero de todo, y
por medio de él hizo el universo» (Hebreos 1:2 NVI). Aun así, fue una
gran locura que este Ser santo y puro se comunicara mediante una
cruz, y muerte de cruz, y tomara allí nuestros pecados en su cuerpo.
Esta es la gran locura divina por la cual somos salvos. «El mensaje de
la cruz es una locura para los que se pierden; en cambio, para los que se
salvan, [...] este mensaje es el poder de Dios. [...] Destruiré la sabiduría
de los sabios; frustraré la inteligencia de los inteligentes». Dios dispuso
que el mundo no lo conociera mediante la sabiduría humana, sino
que tuvo a bien salvar, mediante la locura de la predicación, a los que
creen. Los religiosos piden milagros y los incrédulos buscan sabiduría,
mientras que nosotros predicamos a Cristo crucificado. Este mensaje
es tropiezo para los religiosos y locura para los incrédulos, pero para
los que Dios ha llamado, sean religiosos o incrédulos, Cristo es el poder
de Dios y la sabiduría de Dios. ¡Pues la locura de Dios es más sabia que
la sabiduría humana! (1 Corintios 1:18–25 NVI). ¿Entiendes el acento?

46

Tengo miedo de amar

> «Yo sé que mi Redentor vive, y un día por fin estará sobre la tierra. Y después que mi cuerpo se haya descompuesto, ¡todavía en mi cuerpo veré a Dios! Yo mismo lo veré con mis propios ojos» (Job 19:25–27 NTV).

La joven madre de tres hijos hablaba con su abogada mientras yo traducía. Su marido la acusaba de maltrato. Ella explicaba que la víctima había sido ella, no él. «Me tenía agarrada por el cuello, contra la pared, y encima de una mesa. Él estaba borracho. Los niños miraban y gritaban. No sé cómo, pero con todas mis fuerzas me lancé hacia adelante y mis manos encontraron su cara. Cuando él se dio cuenta de que le había lastimado el labio y la oreja, dijo: "¡Bingo! Ahora te vas pa' la cárcel". Llamó a la policía. Vinieron, tomaron fotos de su labio y su oreja, y ni hablaron conmigo. Me arrestaron y me encerraron por tres días. Ahora, el fiscal me dice que tengo que ir a clases, pagar una multa, trabajar diez días limpiando basura y cumplir veinte horas de servicio comunitario. Pero cuando llegué a la casa, allí estaba él, burlándose, tomando cerveza, sin mover un dedo para atender los niños y la casa. Yo no puedo hacer eso. Usted no sabe lo que he vivido con ese hombre… Han sido diecinueve años de maltrato, y ahora soy yo la que tiene que pagar. Mirando todos estos años, ¡preferiría no haber existido, antes que vivir lo que he vivido con él! Mató todo lo que era amor en mi corazón. ¡Ahora incluso tengo miedo de amar a mis propios hijos!».

Historias como esta se repiten un millón de veces al día en todo el mundo. Y también a lo largo de la historia. La Escritura contiene el relato de Job, víctima directa del mismo Satanás, el acusador, el verdadero verdugo de todo ser humano, quien nos quita la paz y nos despoja de la vida misma. «¡Maldito sea el día en que nací!», exclamó Job al perder sus hijos, su esposa, y todos sus bienes, acusado, acosado y agredido por Satanás. Vinieron sus amigos y lo acusaron falsamente. «Todo esto es tu culpa, Job, has hecho cosas malas a escondidas». Satanás lo despojó de todo menos de su fe. Protestando, Job exclamó: «Yo sé que mi Redentor vive, y un día por fin estará sobre la tierra. Y después que mi cuerpo se haya descompuesto, ¡todavía en mi cuerpo veré a Dios! Yo mismo lo veré con mis propios ojos» (Job 19:25–27 NTV). Cambió su deseo de no existir por la fe en Aquel que, por amor, le daba vida, y vida eterna. Esta fe se fija en un ser real, histórico: Aquel que, colgando de un madero, te dijo: «Estoy aquí en tu lugar; soy tu muerte, tu resurrección, tu vida, tu fe. En fin, soy toda tu existencia, y soy lo único que tienes; aunque trates de soltarte, ¡no te dejaré ir, porque te amo demasiado!». Pero algunos dicen: «Mi amor no es puro; he quedado tan maltratado por mis pecados que ¡ya no puedo amar a Dios, ni a nadie!». La gracia de Dios es tan grande que no necesita de tu amor para perdonarte; solo de tu fe, ¡aunque sea del tamaño de una partícula subatómica! No importa que digas: «Creo, ayuda mi incredulidad» (Marcos 9:24 RV60). El amor será perfeccionado después, cuando estemos junto a él. Por ahora, «su amor echará fuera tu temor» (1 Juan 4:18 Paráfrasis del autor). Al final, «nosotros le amamos a él porque él nos amó primero» (1 Juan 4:19 RV60).

47

El hijo del pastor

> «¡Dichosos aquellos a quienes se les perdonan las transgresiones
> y se les cubren los pecados! ¡Dichoso aquel cuyo pecado el
> Señor no tomará en cuenta!» (Romanos 4:7–8 NVI).

El joven de veintisiete años daba testimonio. Se lo acusaba de maltrato infantil contra su propio hijo de tres años. Su esposa había puesto la demanda. Ella quería la custodia exclusiva del niño, sin visitas del padre. Alegaba que este bebía mucho, consumía drogas y, por eso, perdía el control con el niño. También la había golpeado a ella durante discusiones fuertes. Ahora, el joven testificaba que, cuando era adolescente, había probado el alcohol unas pocas veces, y fumado marihuana una sola vez; que a veces discutía con su esposa porque el salario no le alcanzaba para la canasta familiar. Pero que, gracias al ejemplo de su padre, pastor de una iglesia, y al de su madre, había superado todos esos problemas. El pastor subió al estrado para responder las preguntas del juez. —¿Alguna vez ha visto a su hijo propinarle golpes a Tito? —Jamás; mi hijo es un buen padre. —¿Alguna vez lo ha escuchado levantarle la voz a la madre del niño? —No. Pero a veces la televisión tiene mucho volumen y mi hijo levanta un poco la voz. —¿Alguna vez ha visto a su hijo propinarle golpes a su nuera? —No, golpes no. Es que ella se le acerca a la cara gritándole, y él la aparta con las manos. —¡Culpable! —El juez no le creyó al hijo del pastor, ni al pastor. Perdió la custodia de su hijo. Cuando el juez dio su fallo, declaró que tapar los errores de los hijos era hacerles un mal, especialmente siendo pastor. Fuerte reprensión para un pastor. Pero este tomó su Biblia y, con cierta pedantería, se la puso bajo el brazo mientras salía ceremoniosamente de la sala.

En el tribunal divino, nadie nos encubre. Se nos lee la cartilla sin tapujos. Por más buena gente que seamos exteriormente, la cartilla de este tribunal nos deja expuestos: «No hay justo, ¡ni uno solo! [...] Todos han abandonado a Dios [...] No hay nadie que haga el bien. ¡Ni uno solo! Su boca es un sepulcro abierto; usan la lengua para engañar [...] Su boca está llena de maldición [...] Están siempre listos para herir o matar; dondequiera que van, causan destrucción y tristeza. No conocen el camino que lleva a la paz» (Romanos 3:10–17 PDT, DHH, PDT). Duele oír la verdad. Tal como le dolió al pastor escuchar lo que su hijo había hecho. Pero hay otro Hijo, Jesucristo. Santo, recto, perfecto. Ni siquiera el diablo pudo infundir nada de su maldad en Jesús (Juan 14:30). Pilato, quien lo juzgó, dijo: «Soy inocente de la sangre de este justo» (Mateo 27:24 LBLA). El Juez del universo declaró: «Este es mi Hijo amado que siempre me complace» (Mateo 17:5 Paráfrasis del autor). En nuestro caso, el Padre no nos tapa nada. Hace algo mejor. Presenta un Sustituto, un Hijo perfecto en nuestro lugar. Nuestro hermano mayor. Toma nuestro lugar en el banquillo del acusado. Pasa la prueba. «¡Inocente! ¡No culpable!». Solo por fe, todo lo suyo es nuestro. Reemplaza toda nuestra violencia con su amor inagotable. Dios justifica nuestras vidas con la vida de su Hijo. No toma en cuenta nuestras obras, sino las obras de su Hijo. Esa es la gracia de Dios. Y con esa gracia nos aplaca y nos contenta: «¡Dichosos aquellos a quienes se les perdonan las transgresiones y se les cubren los pecados! ¡Dichoso aquel cuyo pecado el Señor no tomará en cuenta!» (Romanos 4:7–8 PDT). Esa gracia es tuya. Confiésalo. Es tu día de gracia. Todo el perdón de Dios es tuyo, solamente por fe.

Más allá de toda duda razonable

> «Pero al que obra, no se le cuenta el salario como gracia, sino como deuda; mas al que no obra, sino cree en aquel que justifica al impío, su fe le es contada por justicia» (Romanos 4:4–5 RV60).

Es la norma más alta para decidir la culpa o inocencia de un acusado. Cuando se trata de un juicio con jurado, las doce personas tienen que estar de acuerdo. A nadie debe quedarle una duda razonable. Antes de comenzar, el juez los instruye: «No se trata de eliminar toda duda posible, porque en este mundo se puede dudar de todo. Es aquella persuasión mental que, después de haber estudiado las pruebas, les deja una convicción —sobre la culpa o inocencia del acusado— de la cual siempre se sentirán confiados. No tendrán dudas razonables ni ahora ni en el futuro». A muchos en el jurado se les hace difícil entender la norma. «¿Puedo tener alguna duda?». Sí. Pero tiene que ser una duda razonable; debe ser lógica tanto para ti como para otros. No basta con tener una simple duda. Tiene que ser razonable. Si tienes una duda razonable de que el acusado es culpable, debes declararlo inocente. Si no tienes una duda razonable de su culpa, debes declararlo culpable. No cabe duda: la culpa, entre nosotros, es un enredo. Desde que tenemos uso de razón, comenzamos a discutir quién tiene la culpa. Y nunca la admitimos: la culpa es del hermanito, la amiguita, la mamá, el papá… A todo el mundo le echamos la culpa, ¡y siempre pensamos que es razonable!

En el tribunal divino no hay duda alguna de que somos culpables. ¿Perdiste la paciencia con tu esposa esta mañana? Culpable. ¿Castigaste a tu hija con demasiada dureza? Culpable. ¿Pusiste los ojos en el marido de otra mujer? Culpable. Y ni dudar si se nos fueron los ojos por otra mujer. Culpable. «Porque todos han pecado y están totalmente despojados de cualquier gloria que los declare justos ante Dios» (Romanos 3:23). Sin embargo, ante esa culpa se presenta otro: alguien en quien no hay ni sombra de pecado, ni culpa propia. Es nuestro Sustituto; el Ser que nos ama más que cualquier otro. Él fue a la cruz para llevar nuestra culpa en su propio cuerpo. ¿Qué? ¡Increíble! ¿El Ser en quien no hay ni sombra de culpa llevó la culpa de todo ser humano que haya vivido sobre la faz de la tierra? ¡Qué increíble transformación sucedió en la cruz! El Ser más santo se transformó en el ser más culpable ante Dios. Por tu culpa y la mía. Y todos los que ponen su fe en ese precioso Ser que tanto los ama, no se pierden, sino que tienen vida eterna. Quedan libres de toda culpa. Hoy se te extiende una oferta increíble. Le entregas tu culpa a Jesucristo a cambio de su inocencia. ¿La consecuencia? Te dará la vida eterna. ¿Qué te cuesta? A ti, nada, pero a él, todo. «Él fue traspasado por nuestras rebeliones, y molido por nuestras iniquidades; sobre él recayó el castigo, precio de nuestra paz, y gracias a sus heridas fuimos sanados. Todos andábamos perdidos, como ovejas; cada uno seguía su propio camino, pero el Señor hizo recaer sobre él la iniquidad de todos nosotros» (Isaías 53:5, 6 NVI). ¿Qué nos cuesta a nosotros? Creer: «Pero al que obra, no se le cuenta el salario como gracia, sino como deuda; mas al que no obra, sino cree en aquel que declara justo al impío, su fe le es contada por justicia» (Romanos 4:4–5 RV60). Cierto, no es razonable. Pero no lo dudes. En esto, ¡la fe vale más que la razón!

49

Amores que matan

> «Más fuerte que la muerte es el amor...» (Cantares 8:6 Paráfrasis del autor). «¡Dichosos los que han sido convidados a la cena de las bodas del Cordero!»; «¡Alegrémonos y regocijémonos y démosle gloria! Ya ha llegado el día de las bodas del Cordero» (Apocalipsis 19:9, 7 NVI).

El forense entregaba fríamente su informe al jurado. «El primer disparo de la escopeta entró por la axila izquierda. El tiro fue a quemarropa, pues los perdigones todavía no se habían separado. Poco después de entrar por la axila, los perdigones se separaron a alta velocidad, atravesando los pulmones, el hígado y el corazón. El primer disparo causó la muerte. El segundo disparo también fue a quemarropa. Los perdigones arrancaron la piel de la cara, entrando por los orificios de los ojos, la boca y la nariz. También penetraron por la osamenta de la cara, esparciéndose por el cerebro. Este segundo disparo fue fulminante, pero no fue la causa de la muerte. La víctima ya tenía su destino sellado tras el primer disparo». El jurado escuchaba casi sin respirar, y yo apenas podía traducir el informe al acusado. Cuando este último testificó, alegó que aun después del primer disparo la víctima intentó lanzarse sobre él con un cuchillo, y por eso se agachó frente a la víctima y apretó el gatillo por segunda vez. Cuando el forense volvió al estrado, agregó que, después del primer disparo, el corazón y los pulmones ya habían sufrido trauma fatal, y que no habrían podido sostener al cuerpo para el contrataque descrito por el acusado. El jurado lo declaró culpable de asesinato con premeditación y alevosía. Semanas después, el juez lo condenó a cadena perpetua. El muerto y el asesino eran primos y menores de veintiún años. Se habían peleado por una muchacha. Ella los había estado engañando al uno con el otro. Finalmente, se quedó sin ninguno: el uno, muerto, y el otro, en la cárcel para siempre. Ah, y también con la culpa que manchará su alma por toda la vida.

Los amores son serios y pueden costar la vida. Le costaron la vida a Jesucristo, el Hijo de Dios, que se enamoró de nosotros. Había otro que nos engañaba diciendo que nos quería mucho, pero solo abusaba de nosotros, y nos ultrajaba, ofendía, robaba y violentaba. En la cruz se decidió todo. Allí, Cristo juró su amor con su sangre, y pareció perderlo todo. El enemigo se burló de su sufrimiento y arremetió con un contrataque. Una lanza en el costado. Con un grito de amor a su Padre, dio su último suspiro. Ese grito también nos decía: «¡Los amo hasta la muerte!». Lo bajaron de la cruz y lo sepultaron. Pero la Escritura dice: «Más fuerte que la muerte es el amor» (Cantares 8:6 Paráfrasis del autor), y al tercer día, rompió las barreras de la tumba para encontrarse con su novia, su Iglesia, y rescatarla jurándole amor eterno. Esta historia tiene un hermoso final. ¿Te dejarás amar por él? Esta es la única historia que sí termina con «Y se casaron y fueron felices». «¡Dichosos los que han sido convidados a la cena de las bodas del Cordero!»; «¡Alegrémonos y regocijémonos y démosle gloria! Ya ha llegado el día de las bodas del Cordero» (Apocalipsis 19:9, 7 NVI). Ese futuro es nuestro. Mira, ahí a tu lado está el novio. Dile que sí. Créele. Él no miente. Te puedes quedar junto a él.

50
¡Me dejó su mugre!

> «Vengan, vamos a discutir este asunto. Aunque sus pecados sean como el rojo más vivo, yo los dejaré blancos como la nieve; aunque sean como tela teñida de púrpura, yo los dejaré blancos como la lana» (Isaías 1:18–19 DHH).

La joven relataba al abogado defensor los hechos de aquel día. «Era un joven bien vestido, un tanto simpático, y hablaba con mucho respeto y educación. Yo estaba por entrar a mi coche en el estacionamiento de un centro comercial. Con tono muy urgente, me suplicó que lo llevara a un concesionario de coches de lujo. Yo sabía que era un extraño y que no debía llevarlo. Pero él insistía en que su coche de lujo se había descompuesto, por lo que le urgía ir al concesionario. No podía llamar, porque su celular se había quedado dentro del coche. Yo sabía que el lugar no quedaba muy distante. No serían más de cinco minutos, y sentí lástima, porque hacía mucho calor. No hice caso a mis instintos de protección y finalmente accedí a sus ruegos. No quiso sentarse adelante, conmigo, sino atrás. En cinco minutos llegamos al concesionario, me agradeció profusamente y hasta me regaló un billete de cincuenta dólares. Con gran alivio porque nada me había pasado, y contenta por el billete, no vi que el semáforo había cambiado a rojo. En instantes, una patrulla con las luces encendidas se me puso detrás y, por el altavoz, me pidió que me detuviera a un lado. Hice caso pues sabía lo que había hecho. Le enseñé toda mi documentación, que estaba al día. Pero el agente me pidió que saliera del coche porque quería registrarlo. Pregunté por qué. "Por esas cosas que tiene ahí atrás". Cuando miré, vi que había una pequeña pipa de fumar marihuana, y varias bolsitas de plástico con un polvo blanco adentro. Yo no hice nada, ¡ese hombre me dejó toda esa mugre!».

En el tribunal divino, Jesús jamás reniega de toda la suciedad que tuvo que cargar. La tuya y la mía, y la de cada ser humano que alguna vez haya respirado oxígeno sobre esta tierra. Una carga de tal peso que le quitó la vida. Solitario. En una cruz, en manos de verdugos que abusaron de él y lo maltrataron como el peor criminal de la historia. Sin embargo, en su propio pecho llevaba la ira, el odio y la crueldad de sus mismos verdugos. Las Escrituras testifican que «él cargó con nuestras enfermedades y soportó nuestros dolores [...] fue golpeado por nuestras maldades; él sufrió en nuestro lugar, y gracias a sus heridas recibimos la paz y fuimos sanados [...] Dios hizo recaer en su fiel servidor el castigo que nosotros merecíamos» (Isaías 53:4–6 TLA). Tal como el joven del relato, nos presentamos ante otros y ante Dios bien vestidos y jactándonos de toda nuestra apariencia. Otros presentan lo que, presumen, son grandes dones: oratoria, inteligencia, astucia, arte. En realidad, por dentro llevamos engaño, adicciones, y con falsas pretensiones lastimamos a otros para salir bien. Jesús llevó todo en su pecho sobre la cruz, sin que lo pidiéramos, solo por su amor desbordante y apasionado hacia nosotros. «Vengan, vamos a discutir este asunto. Aunque sus pecados sean como el rojo más vivo, yo los dejaré blancos como la nieve; aunque sean como tela teñida de púrpura, yo los dejaré blancos como la lana» (Isaías 1:18–19 DHH). Recuerda, no hay suciedad que él no haya cargado. Quedaste limpio en la cruz, ¡y para siempre!

Y ¿dónde tienes el clavo?

«Me propuse no saber entre vosotros cosa alguna sino a Jesucristo, y a éste crucificado […] Mas hablamos sabiduría de Dios en misterio, la sabiduría oculta, la cual Dios predestinó antes de los siglos para nuestra gloria» (1 Corintios 2:2,7 RV60).

En la pequeña sala estaba el abogado defensor, el menor de edad, y la madre. El joven de catorce años había sido acusado de transporte y tráfico de drogas en la zona escolar. —¿Cómo se te ocurre, Chuy? Mira el problema en que me has metido. ¡Me van a correr del trabajo! —No pasó nada, mamá. Es que Coco me pidió que me pusiera eso en la mochila y se lo diera a Mireya. Y cuando se lo estaba dando, el guardia me lo quitó. —Señor abogado, yo no sé si le puedo creer más a este niño. Ya no va a la escuela. Todo el día vienen muchachos y muchachas a la casa, están unos minutos y se van. Óscar me dice que vienen para que les ayude con las tareas, pero se van enseguida. Él compra estéreos, juegos, con plata de no sé dónde. Ya no puedo más con él. —Chuy —interrumpió el abogado—, ¿por qué no le dices a tu mamá dónde tienes el clavo? —¿El qué? —preguntó Chuy con cara de «yo no fui». —Señora, este muchacho tiene lo que los traficantes de drogas llaman un «clavo» en la casa. Es un escondite donde guardan las drogas. Casi siempre está debajo del piso del ropero. Los traficantes les enseñan a hacer un hueco y guardan esa mugre allí. ¿No es cierto, Chuy? —Yo no sé nada de eso. —Pues vamos a tu casa ahora mismo

—respondió el abogado—, yo lo encuentro y se lo entrego a la policía.
—¡No! —gritó el joven—. Tengo más de cinco mil dólares ahí. ¡Déjeme venderlo todo y le doy la plata a mi mamá!

Desde el tribunal divino, el Juez eterno ve y conoce muy bien dónde están nuestros «clavos». Sabe los secretos que tenemos por fuera y por dentro. Cada cual anda clavado a su propio pasado y presente con todos sus secretos y escondites. El Juez divino conoce todas las mentiras y engaños que hemos usado para tapar nuestros clavos. El gran rey David (que tenía sus propios clavos), exclamó: «¿A dónde me iré de tu Espíritu, o a dónde huiré de tu presencia?» (Salmo 139:7 RV60). Pero los clavos nos hacen daño, atormentan nuestra vida, y lastiman la vida de otros. La palabra de Dios advierte: «Todo lo que ustedes han dicho en la oscuridad se dará a conocer a plena luz, y lo que han susurrado a puerta cerrada se proclamará desde las azoteas» (Lucas 12:3 NVI). El Juez eterno también tiene su propio secreto. Miremos el gran misterio de Dios, su santo y perfecto Hijo Jesucristo, el Ser de todo amor, colgado en la cruz y clavado por nuestros propios clavos. El apóstol habla de Cristo crucificado como la «sabiduría de Dios oculta, pero ahora revelada» (1 Corintios 2:7 Paráfrasis del autor), pues allí mostró el corazón amoroso de Dios para con sus hijos. «Cosas que ojo no vio, ni oído oyó, ni han subido en corazón de hombre, son las que Dios ha preparado para los que le aman» (1 Corintios 2:9 RV60). ¿Qué cosas? En vez de ira, perdón. En vez de condenación, salvación. En vez de destrucción, cielos nuevos y tierra nueva. El perdón que nos dio en la cruz saca nuestros clavos; aun los más escondidos. Bien lo dice el dicho popular: «Un clavo saca a otro clavo».

52

No sabía que estaba divorciada

> «¿No saben ustedes que todos los que fuimos bautizados en Cristo Jesús, fuimos bautizados en su muerte? [...] Porque el que ha muerto, ha sido justificado del pecado. Y si morimos con Cristo, creemos que también viviremos con él» (Romanos 6:3, 7–8 RV60).

En cierta ocasión, una señora me pidió que le interpretara unos escritos del inglés al español. —Me llegaron estos papeles a la casa hace unos quince días, y no sé lo que dicen. —Rápidamente me di cuenta. Era un decreto de divorcio. Le traduje el escrito frase por frase. A cada párrafo, sus ojos se humedecían y enrojecían más. —¿Entonces eso quiere decir que estoy divorciada? —Así es, señora. —Ella apenas podía contener sus lágrimas. —No sabía que estaba divorciada. Nos separamos hace casi un año, pero no sabía nada. —¿No recibió algún aviso para presentarse en el tribunal a impugnar la demanda? —No, no recibí nada —dijo rompiendo otra vez en llanto. Mientras esperaba que se calmara, vi un folio de papeles en su otra mano. —Señora, ¿y qué tiene ahí, en la otra mano? —Luego de darles un vistazo a los escritos, caí en la cuenta. Era la demanda de divorcio de su esposo. Hacía más de seis meses, había sido citada con fecha, hora y número de sala para responder a la demanda en el tribunal de derecho familiar. Contenía todo lo necesario para protestar por escrito. Me dijo: —Con razón, hace poco, me vio en el mercado y, muy cínicamente, me agradeció por dejarlos tan bien parados, a él y a su nueva mujer. Se quedó con las tres casas, los cuatro coches y todos los ahorros.

En cierta ocasión había un hombre leyendo un escrito del tribunal divino: el pasaje de Isaías 53. Se le acercó un traductor y le preguntó: —¿Entiende usted lo que está leyendo? —El desconocido respondió: —¿Cómo voy a entender si nadie me lo explica? —El traductor, llamado Felipe, procedió a traducirle el pasaje (véase Hechos 8). —Ese pasaje dice que, por su horrible vida delante de Dios, en el tribunal divino hay una demanda de divorcio contra usted. Lo perderá todo; incluso su vida. Pero Jesús de Nazaret, el Hijo de Dios, se entregó como un Cordero y, en la cruz, lo reconcilió con Dios para evitar un divorcio eterno. Puesto que él fue un Esposo perfecto en beneficio de usted, no habrá divorcio. —El hombre era el ministro de finanzas de la reina Candace, una poderosa reina de aquel entonces. De inmediato, solicitó las nupcias con el Padre eterno, el apasionado amante de la humanidad: —¡Allí hay agua! ¿No podría usted bautizarme ahora? — Pablo explica lo que significan las nupcias del bautismo: morir en Cristo para resucitar en Cristo. «¿No saben ustedes que todos los que fuimos bautizados en Cristo Jesús, fuimos bautizados en su muerte? [...] Porque el que ha muerto, ha sido justificado del pecado. Y si morimos con Cristo, creemos que también viviremos con él» (Romanos 6:3 RVC, 7–8 RV60). La mayoría de los matrimonios humanos terminan con la muerte. Nuestro matrimonio con Cristo comienza al pisar el umbral de su muerte para luego atravesar el umbral de su resurrección a vida eterna. «¡Sí! ¡Nos casamos, y fuimos felices!». Y tú, ¿no lo sabías?

53

El policía tiene la culpa

> «No entres en juicio con tu siervo; porque no se justificará delante de ti ningún ser humano»; «Dios, ten piedad de mí, pecador. [...] porque todo el que se ensalza será humillado, pero el que se humilla será ensalzado» (Salmo 143:2 RV60; Lucas 18:13–14LBLA).

Tan pronto como entró al tribunal, el hombre me preguntó: —¿Es usted el intérprete? —Sí, señor. —Quiero que le diga al juez que el policía cometió un error. Él puso que yo iba a 106 [km/h] en una zona de 90, pero la zona era de 95. —Traté de disimular mi sonrisa, pues anticipaba la reacción del juez, quien no defraudó mis expectativas. Tras escuchar su explicación del error del policía, le dijo al acusado: —Entonces, lo que usted está diciendo es que el policía tiene la culpa. —Así es, señor juez. Él puso que yo iba a 106 en una zona de 90, pero ¡yo iba a 106 en una zona de 95! —El juez no pudo contener su sonrisa pícara. —Así que el policía es el culpable, porque puso la zona de velocidad equivocada en la papeleta. —Así es; eso es lo que escribió. — El juez continuó su indagatoria: —Y dígame otra vez: ¿a qué velocidad iba usted? —Iba a 106. —Y ¿en qué zona? —En zona de 95, señor juez. —Pues le doy la razón, señor, usted no es culpable por lo que dijo el policía. Usted es culpable por sus propias palabras. —Pero, pero, señor juez, y ¿qué del error del policía? —Señor, la ley no comete errores: los conductores los cometen. Y usted acaba de cometer otro gran error, pues se ha condenado con sus propias palabras. ¡Pague la multa!

En el tribunal divino, delante de Dios, todo intento de justificarnos es tan solo una declaración de culpabilidad. La psicología puede ayudarnos a comprender nuestro comportamiento, pero no a justificarnos ante Dios. No podemos alegar que nacimos allá, o acá, de este papá o de aquella mamá, ni que, cuando nos criaron, nos hicieron esto o aquello. El gran rey David, al ver todos sus defectos, suplicó a Dios con total humildad y arrepentimiento: «No entres en juicio con tu siervo; porque no se justificará delante de ti ningún ser humano» (Salmo 143:2 RV60). De cada hombre y mujer, Dios exige un ser humano perfecto. Y lo que Dios exige, él mismo lo da. En su Hijo Jesucristo, nos dio ese ser humano perfecto; perfecto en amor, perfecto en pureza, perfecto en fidelidad, recto en todas sus obras, y recto en todos sus caminos. La Escritura lo describe así: «Santo, inocente, sin mancha, apartado de pecadores, [...] el Hijo, hecho perfecto para siempre» (Hebreos 7:26, 28 RV60). Y por el gran regalo divino de la gracia, en ese Hijo hay justicia y rectitud suficientes para justificar aun al más indigno pecador, solo por fe. «Al que no trabaja, sino que cree en el que justifica al malvado, se le toma en cuenta la fe como justicia» (Romanos 4:5 NVI). «¡Dichosos aquellos a quienes Dios perdona sus maldades y pasa por alto sus pecados! ¡Dichoso el hombre a quien el Señor no toma en cuenta su pecado!» (Romanos 4:7–8 DHH). Podemos obrar como el chofer de nuestra historia: culpar a otros de todo lo que hemos hecho, mientras que, con esas mismas palabras, nos condenamos. Sin embargo, aquel que clama a Dios: «Dios, ten piedad de mí, pecador. [...] porque todo el que se ensalza será humillado, pero el que se humilla será ensalzado» (Lucas 18:13–14 LBLA).

54

La foto del culpable

> «¡He aquí el Hombre!»; «Dios los salvó por su gracia cuando creyeron. Ustedes no tienen ningún mérito en eso; es un regalo de Dios. La salvación no es un premio por las cosas buenas que hayamos hecho» (Juan 19:5 RV60; Efesios 2:8–9 NTV).

La señora presentaba su caso ante el juez de tránsito. —Yo le vendí mi coche a ese muchacho, pero él nunca cambió la matrícula a su nombre. Cada vez que él comete una infracción de tránsito, salgo yo como la culpable. Siempre recibo estas papeletas, pero no son mías: son de él. No sé cómo quitarme de encima esta culpa. —¿Y qué pruebas tiene? —preguntó el juez, con poca paciencia. La señora venía preparada: —Aquí tengo la prueba; esa no es mi foto. —En algunas calles hay cámaras que toman fotos de los coches cuando los conductores se pasan un semáforo en rojo. La foto capta el coche, el conductor y el número de placa. Luego, la policía envía esas pruebas con una orden para presentarse en el tribunal de tránsito. Es la famosa «fotomulta». —Muéstreme lo que tiene —respondió de mala gana el juez. Se detuvo para apreciar la foto y el comprobante de venta. Luego respondió, en tono de broma: —¿Está segura de que ese día usted no se había disfrazado de hombre? —No, señor juez, ¿cómo se le ocurre? ¡Esa es la foto del culpable, el que me compró el coche! —Muy bien —respondió el juez—, le doy la razón. Desestimo los cargos en su contra. Es inocente, no debe nada, se puede retirar. —Con una gran sonrisa triunfante, la señora recogió su foto, papeles, bolso, y salió del tribunal entre los aplausos de los demás acusados presentes.

Ante el Juez del universo, que ve y sabe todo, nuestras culpas nos acusan con nuestro propio nombre. Sin embargo, la foto del culpable es de otro. Cuando Pilato presentó a Jesús de Nazaret ante el pueblo enfurecido, gritó: «¡He aquí el hombre!» (Juan 19:5 RV60). La Escritura añade que Jesús salió con una corona de espinas y un manto de púrpura, la vestimenta de los reos condenados a muerte. La corona de espinas había sido elaborada especialmente para él, y simbolizaba que era rey de todos los culpables. Allí estaba nuestra foto, pero el que se presentaba como culpable era otro. Por su gran amor por todos los pecadores, él asumió nuestra culpa. Allí, aquel día, ante la chusma que gritaba: «¡Crucifíquenlo!», estaba no solo la foto, sino el culpable mismo. «Dios estaba en Cristo reconciliando al mundo consigo mismo, no tomando en cuenta a los hombres sus pecados» (2 Corintios 5:19 RV60). Y en la cruz sufrió la pena por nosotros. Los cargos no se levantaron. Dios descargó sobre él la ira que nosotros merecemos. Pero en él somos absueltos. El Juez del tribunal, al ver el sacrificio de su Hijo, nos anuncia la Buena Nueva: «Eres inocente, no debes nada, él pagó toda tu culpa, quedas totalmente exonerado». Este amor requiere una sola respuesta: «Que se haga su voluntad, Señor Juez; me someto a su perdón; ¡gracias por siempre, Padre mío!». «Dios los salvó por su gracia cuando creyeron. Ustedes no tienen ningún mérito en eso; es un regalo de Dios. La salvación no es un premio por las cosas buenas que hayamos hecho, así que ninguno de nosotros puede jactarse de ser salvo. [...] Él nos creó de nuevo en Cristo Jesús, a fin de que hagamos las cosas buenas que preparó para nosotros tiempo atrás» (Efesios 2:8–10 NTV).

55

¿Espíritu o espíritu?

> «Y en los postreros días, dice Dios, derramaré de mi Espíritu sobre toda carne [...] Y todo aquel que invocare el nombre del Señor, será salvo. [...] Arrepentíos, y bautícese cada uno de vosotros en el nombre de Jesucristo para perdón de los pecados; y recibiréis el don del Espíritu Santo...» (Hechos 2:17, 21, 38–39 RV60).

El testigo, con la voz entrecortada, recordaba los hechos de esa madrugada. «Vi por el espejo retrovisor que las luces del coche me alcanzaban. No supe qué hacer. Pensé que me chocaría por detrás. Cerré los ojos esperando el golpe. En el último instante, el coche me rebasó por la derecha. Cuando volvió al carril de la izquierda, en vez de seguir derecho, se fue por la división de las calzadas. Levantó una gran nube de polvo, pero pude ver que comenzó a girar en círculos sobre la arena, tratando de esquivar las palmeras. Bajé la velocidad para ver lo que sucedería. En una de las vueltas, el lado del pasajero impactó contra el tronco de una palmera. El coche rebotó, perdió una rueda y se detuvo en la arena. Fui a mirar. El conductor estaba inclinado sobre la bolsa de aire, que se había reventado. El pasajero estaba echado para atrás y sangraba mucho por la cabeza. Había polvo y humo por todos lados. Llamé al 911, y poco después llegó la policía». El testigo relataba los hechos ante el jurado que juzgaba al conductor. El forense dijo que la muerte del pasajero había sido instantánea. Además, la alcoholemia del conductor era cuatro veces superior al límite permitido. Era su segundo caso de conducción bajo los efectos del alcohol. La primera vez, tras declararse culpable, había firmado un documento: «A partir de ahora, si conduzco ebrio o drogado, y alguien muere a causa de ello, me podrán acusar de asesinato». El jurado lo declaró culpable de asesinato y fue condenado a cadena perpetua.

El gran psicólogo Carl Jung dijo que, en latín, el nombre del alcohol era «espíritus» porque su efecto era semejante al de un espíritu que se apoderaba del bebedor. Jung decía que ese «espíritus» del alcohol solo podía ser superado si el bebedor ingería un espíritu de «Poder Superior» al «espíritus» del alcohol. Ese concepto influyó en los fundadores de Alcohólicos Anónimos (AA). Abiertamente, confesaron que «solo un Poder superior a nosotros mismos puede devolvernos nuestro sano juicio». Hasta hoy, AA sigue devolviendo la cordura a los alcohólicos. En la historia del cristianismo se describe la ocasión en que, cincuenta días después de la resurrección de Jesús, se derramó el «Espíritu» sobre los discípulos. Los que estaban observando acusaron a los discípulos de estar llenos de «espíritus» o borrachos a las nueve de la mañana. «¡No!», respondieron estos. «Pero sí estamos llenos del Espíritu de Dios, que proclama el arrepentimiento y el perdón de pecados gracias a la muerte de Jesús de Nazaret». «Porque para ustedes es la promesa, y para sus hijos, y para todos los que están lejos» (Hechos 2:39 RVC). Gracias al Espíritu de Dios, que llenaba sus mentes de esa gran verdad, la vida de Cristo era la vida de ellos. Tenían vida —y vida abundante— aun frente a la muerte. ¡Él era su resurrección y su vida! Jesucristo es el gran Espíritu superior que reemplaza nuestro espíritu perverso y deficiente. ¡Sí! ¡Ese Espíritu es para nosotros y para nuestros hijos!

56

¡Gracias a Dios que ya no va a volver!

> «Les digo que de la misma manera, habrá más gozo en el cielo por un pecador que se arrepiente que por noventa y nueve justos que no necesitan arrepentimiento» (Lucas 15:7 NBLA).

El juez había expedido la medida de protección. El acusado tendría prohibido todo contacto con su esposa. Sin embargo, él alegaba que ya no era violento, que desde su salida de la cárcel se había llevado bien con ella, que no habían tenido problemas, que había aprendido su lección. Su abogado defensor le pidió al juez que cambiara la orden. Solicitó acercamiento siempre y cuando no fuera de manera ofensiva. La fiscal protestó: —Señor juez, el acusado blandió un cuchillo frente a su esposa; no cambie la orden, es un sujeto peligroso, a esa señora podría ocurrirle cualquier cosa. —El juez no cambió la orden. Al salir de la sala, el acusado continuó reclamando. Su abogado habló con la fiscal. —Bien —dijo la fiscal—, llamen a la esposa para que sea ella quien solicite personalmente el cambio. —Dos horas después, llegó la señora. Habló con la fiscal mientras yo traducía. —¿Qué? ¿Es verdad? ¡Tanto que le rogué a Dios! ¡Gracias a Dios y a ustedes porque ese hombre ya no volverá a casa para maltratarme! Todo era insultos, burlas y humillaciones; ese hombre no trabaja, yo lo tengo que mantener, nunca pone un cinco para nada. ¡Me han quitado un gran peso de encima! Ese hombre no ha cambiado; sigue igual. ¡Ahora sí que voy a estar en paz sin él! No, no, que no vuelva, no cambien nada, dejen la orden así.

¡Qué sorpresa se llevó el acusado cuando hablamos con él! No obstante, seguía desmintiendo lo sucedido. Que nos había inventado toda la historia; que ella no había venido... Y ¿por qué no le habíamos permitido hablar con ella? Sus propias palabras lo delataron cuando, en un tono alto, indignado y ofendido, dijo: «Es una terca; es que ¡de otra manera no entiende!».

¿Hay alguien en tu vida que quisiera solicitar una orden de alejamiento contra ti? Antes de que lo niegues demasiado pronto, piensa: ¿Alguna vez, quizás, dijiste una «mentirita piadosa»? ¿Guardaste silencio cuando te convenía, y no dijiste la verdad? ¿Qué tal cuando tuviste la oportunidad de decir algo bueno sobre alguien, pero te lo guardaste? Con el tiempo, todo se sabe. Aunque no lo quieras, lo que hiciste o dejaste de hacer, regresa. En momentos así, es muy difícil lograr la reconciliación. Con toda razón, la otra persona quisiera no tener nada más que ver contigo. ¿Qué tal si Dios, en esos momentos, te diera una orden de alejamiento para que no te acerques más a esa persona, o siquiera a él mismo? Tal vez, por alguna falta tuya, perjudicaste la reputación de otra persona... ¿Qué tal si lo hiciste para mejorar tu posición en tu trabajo? ¿Acaso no sería justo que Dios te dijera «no te acerques»? Sin embargo, cuando se trata de Dios, no hay medidas de alejamiento. Más bien, cuando tú quieres alejarte, él expide una medida de acercamiento. Va, y te busca, y nadie puede impedirlo. Aunque hay alguien que lo intenta. El enemigo ha expedido una orden de alejamiento contra Dios, para evitar que se acerque a tu alma con la palabra de perdón y misericordia que tanto necesitas. Él es el más interesado en que Dios no se te acerque. De hecho, en la cruz, el enemigo expidió una orden para que Jesús no se acercara a nuestros pecados ni nos concediera el perdón de ellos. Por medio de voces humanas, gritaba: «¡Baja de la cruz!». ¿Por qué? Porque quería verte vencido, condenado, muerto para siempre en tus delitos y pecados. Sin embargo, en la cruz, Cristo desestimó esa orden de alejamiento y se acercó a lo peor de nosotros —nuestra ira, malicia, lascivia, todo lo malo— a fin de destruir todo aquello en su propio cuerpo. «Venid a mí, todos los que estáis trabajados y cargados, y yo os haré descansar» (Mateo 11:28 RV60).

57

¿Es que no se van a callar?

> «Por la desobediencia de un solo hombre muchos fueron
> constituidos pecadores [...] Por la obediencia de uno solo
> muchos serán constituidos justos»; y «si por la transgresión de
> uno solo reinó la muerte, mucho más reinarán en vida los que
> reciben la abundancia de la gracia y del don de la justificación
> mediante un solo hombre, Jesucristo» (Romanos 5:19, 16–18
> RVC).

El acusado, de no haber sido por sus amarras y esposas, podría haber sido el gerente de un banco. Respondía a un solo cargo. El juez lo anunció con la fecha exacta: «Conducción bajo la influencia del alcohol como delito grave». Me llamó la atención, pues esta acusación suele ser un delito menor. El juez apenas había terminado cuando la fiscal anunció: «Señor juez, es que tiene cuatro casos más por conducir ebrio en los últimos diez años». Una de las secretarias añadió: «Señor juez, esta última vez su alcoholemia alcanzó un 0,33 por ciento, más de cuatro veces el límite permitido». ¡Increíble! Era un hombre pequeño y no muy robusto. Con tanto alcohol en su organismo, debería haber muerto. Otra secretaria añadió: «Señor juez, no ha cumplido su libertad condicional, pues quebrantó una medida de protección favorable a su esposa e hijos». Otro fiscal añadió: «Señor juez, tiene cinco multas de tránsito que no ha pagado; debe tres mil quinientos dólares. El oficial de libertad condicional no se quedó atrás. «Su Señoría, él no cumplió con las clases sobre violencia intrafamiliar. De las cincuenta y dos semanas, fue solo a tres». Las acusaciones no cesaban. Pareció que habían terminado, pero otro fiscal añadió: «Su Señoría, esta última vez, cuando lo detuvieron ebrio, encontraron también veinte bolsitas de metanfetamina en la guantera». Finalmente, quien rompió el silencio fue el acusado: «Y ¿es que no se van a callar?».

En el tribunal divino, hay una sola acusación que nos condena. «Señor Juez, ese infame es hijo de Adán». ¿Qué? ¿Somos condenados ante Dios solo porque Adán, nuestro primer padre, desobedeció? «Por la desobediencia de un solo hombre muchos fueron constituidos pecadores» (Romanos 5:19 RVC). Muchos responden: «No me hagan responsable de un pecado ajeno. ¿Qué culpa tengo yo de que el padre de la raza nos condene a todos?». El Juez divino sorprende con su respuesta: «Por la obediencia de uno solo muchos serán constituidos justos», y «si por la transgresión de uno solo reinó la muerte, mucho más reinarán en vida los que reciben la abundancia de la gracia y del don de la justificación mediante un solo hombre, Jesucristo» (Romanos 5:16–18 RVC). No te preocupes por la sentencia de muerte que recibiste a través de tu padre Adán. Gózate más bien en cómo recibes el perdón: por la justicia, el amor, la santidad, la pureza de otro: tu segundo Adán, Jesucristo. Recibiste tu condenación sin merecerla, tal como nuestra salvación también nos ha llegado sin merecerla. Nos llegó en un cuerpo ajeno, el cuerpo de Cristo. Hoy, desde los altos cielos, este grandioso Ser de amor te dice: «Yo recibí tu condena, que bien mereces, para que puedas recibir mi salvación que no mereces». Al abrir nuestra boca y confesar nuestra fe en esa gracia, ¡toda otra boca se calla para siempre! No tienes acusadores. Ni tú mismo te puedes acusar. «Porque la paga del pecado es muerte, mas la dádiva de Dios es vida eterna en Cristo Jesús, Señor nuestro» (Romanos 6:23 RV60). «Tus pecados, que son muchos, han sido perdonados» (1 Juan 2:12 Paráfrasis del autor).

58

Pero quiero pagar los
cien dólares

> «Porque por gracia ustedes han sido salvados mediante la fe; esto no procede de ustedes, sino que es el regalo de Dios, no por obras, para que nadie se jacte» (Efesios 2:8–9 NVI).

Un señor se presentó ante el juez por no haber pagado una multa previa de mil setecientos dólares. —Su Señoría —dijo el hombre—, aquí en mi bolso tengo mil dólares en efectivo para pagar hoy mismo. —El juez respondió: —¿Mil dólares? Y ¿los puede pagar hoy? Vaya ahora mismo a la caja, pague los mil, y enseguida tráigame el recibo. Ahora mismo. —El caballero no se movió. Yo le hacía señas con la mano para que saliera de la sala. Él me decía al oído: —Dígale al juez que me deje pagarle cien dólares mensuales hasta saldar los otros setecientos. —Pero el juez ya le había dado una orden. Le insistí: —Salga ahora mismo de la sala. —Afuera, le dije: «Cuando el juez le da una orden, haga caso. Vaya y pague. Vuelva aquí con el recibo, y se llevará la sorpresa de su vida». Con los ojos y las manos me pedía una explicación, pero yo lo dirigí a la caja: «Vaya y pague los mil. Traiga el recibo. Después entenderá». Poco después, regresó con el recibo. Se lo entregué al juez. El juez lo volvió a llamar. —Veo que cumplió con mi orden. Pagó los mil dólares. Le voy a perdonar el resto de la multa. Ya no debe nada. Que pase el próximo acusado. —Pero el hombre no se movió. —¿No le dijo al juez que quiero pagar cien dólares mensuales hasta saldar los otros setecientos? —Le respondí: «Señor, ¿qué parte de "Perdonado, ya no debe nada" no entiende?». —¿Cómo? —respondió incrédulo. —Ya no debe nada; el juez le perdonó lo demás. Se acabó; caso cerrado; apúrese, salga de la sala. —Lo tuve que tomar del brazo y escoltarlo hasta fuera del tribunal.

Sin embargo, en el tribunal divino, el gran Juez se fija en su Hijo. No mira ningún recibo de tus obras, ni ningún comprobante de tu carácter meritorio. Él solo mira las marcas que los clavos dejaron en las manos y los pies de Jesús; su costado atravesado; la vida más pura y preciosa que jamás haya tenido aliento; el amor más devoto, fiel y leal; su sangre derramada... y nos pregunta: «¿Qué parte de

PERDONADO

no entiendes? Tu deuda es imperdonable. Lo que has hecho en tu vida, y lo que tu vida es, no tiene perdón, me des lo que me des o hagas lo que hagas. Tu único y último recurso es abrir tus manos y recibir mi perdón». «Porque por gracia ustedes han sido salvados mediante la fe; esto no procede de ustedes, sino que es el regalo de Dios, no por obras, para que nadie se jacte» (Efesios 2:8–9 NVI). La buena obra es de Dios. Él hizo la buena obra de poner a Cristo como tu sustituto; como tu reemplazo. Él es tu reemplazo en el castigo que mereces, y en todo lo que tienes que pagar. Cristo Jesús te ha reemplazado totalmente. No hay parte de tu vida, por más oscura y difícil, que él no haya reemplazado ya con su perfecto amor. ¿Seguirás neciamente queriendo pagar tus cien dólares al mes? El hombre perdonado de nuestra historia salió del tribunal hablando como un loco por el pasillo: «No lo puedo creer; el juez me perdonó. No lo puedo creer; el juez me perdonó». Esa es la vida que debes vivir. «Porque somos hechura suya, creados en Cristo Jesús para buenas obras, las cuales Dios preparó para que andemos en ellas» (Efesios 2:10). Repite tú lo mismo sobre el perdón que Dios te ha dado: «No lo puedo creer; el juez me perdonó. No lo puedo creer; el juez me perdonó...». Esa es la verdadera vida de fe y alabanza de un cristiano.

59

Quiero ver a mis hijos

«Echa tus cargas sobre tu Padre celestial, Él te sostendrá. No permitirá que sus hijos que ha perdonado resbalen o caigan» (Salmo 55:22 Paráfrasis del autor). «Por lo tanto, mi Dios les dará a ustedes todo lo que les falte, conforme a las gloriosas riquezas que tiene en Cristo Jesús» (Filipenses 4:19 DHH). «Todas mis promesas son un Sí y un Amén» (2 Corintios 1:20 Paráfrasis del autor).

El padre había propinado golpes y empujones a su esposa en presencia de los niños, pero ahora suplicaba al juez que lo dejara regresar a casa. La madre pedía una medida de protección contra el padre. Le pedía al juez que el padre no tuviera contacto alguno con los pequeños. El padre alegaba que era la primera vez que hacía algo así; que estaba arrepentido, y que jamás volvería a hacerlo; iría a las clases para padres violentos, y haría todo lo que se le pidiera, pues quería mucho a sus hijos. Con lágrimas en los ojos, le rogaba al juez que le permitiera visitar a sus hijos entre semana y los fines de semana. El juez aceptó. Tendría las visitas. La madre irrumpió en llanto y sollozos. «Es que nunca se ha interesado por ellos. Nunca ha cambiado ni un pañal. No sabe cómo atenderlos. Los niños van a sufrir». Pero era la orden del juez. Al salir, su abogada habló con ella. «Señora, no se preocupe. Yo he visto esto muchas veces. Delante del juez, los papás hacen un escándalo para ver a sus hijos, pero después no cumplen. Se presentan a las visitas una o dos veces y después ni siquiera llaman para cancelarlas». Terminé de traducir y la señora salió sollozando por el pasillo. Me olvidé del caso. Dos meses más tarde, vi a la señora entrar otra vez a la sala. Luego de saludarme, me dijo: «Ese hombre vino a ver a los niños una sola vez, y los devolvió temprano. Después ni siquiera llamó para decir que no vendría. Aquí tengo todo apuntado en este cuaderno. Voy a pedirle al juez que le quite las visitas». Y así fue. El padre perdió su derecho de visitar a sus hijos, y en esta ocasión fue él quien salió llorando.

Sin embargo, en el tribunal divino tenemos un Padre que dice: «Todas mis promesas son un Sí y un Amén. La prueba está en mi Hijo Jesús. No solo vino a visitarlos, sino que fue a la cruz, a pagar todas las deudas que ustedes tienen conmigo, y a vestirlos con su manto de justicia. Y hoy dice: "Les aseguro que Yo estaré con ustedes todos los días, hasta el fin del mundo"» (Mateo 28:20 RV60). En la antigüedad, cuando se construía el fundamento para un edificio, venía el inspector. Después de revisar cada parte del fundamento, la calidad de los materiales, el método del vaciado, la profundidad, y todos los planos, decía: «Este fundamento es "Amén"». Se puede edificar, construir, vivir, criar a sus hijos, porque el fundamento es firme. Es así como Cristo es nuestro «Amén». En toda pena, angustia, confusión, enfermedad, pérdida, y aun en nuestras faltas, tenemos un Padre que siempre estará con nosotros. Incluso cuando nos disciplina, lo hace con una ternura que de veras quebranta nuestro corazón. Puedes confiar en que estará a tu lado aun antes de que salga el ruego de tu corazón. «Echa tus cargas sobre tu Papá, Él te sostendrá. No permitirá que sus hijos que ha perdonado resbalen o caigan» (Salmo 55:22 Paráfrasis del autor). «Por lo tanto, mi Dios les dará a ustedes todo lo que les falte, conforme a las gloriosas riquezas que tiene en Cristo Jesús» (Filipenses 4:19 DHH). Ciertamente podemos decir «Amén». Es el único fundamento al cual puedes confiar tu alma.

Usted no tiene autoridad
sobre mí

> «Todos nosotros nos hemos extraviado como ovejas; hemos dejado los caminos de Dios para seguir los nuestros. [...] Sin embargo, el Señor puso sobre él los pecados de todos nosotros» (Isaías 53:6 NTV).

Cierto día, una mujer compareció en el tribunal por haber robado algunos lápices y caramelos de un negocio. Cuando el juez le preguntó si se declaraba culpable o inocente, la mujer no vaciló en responder: «No reconozco la autoridad de este tribunal. Usted, señor juez, no tiene ninguna autoridad sobre mí. Este tribunal es una burla a la Constitución de este país». El juez repitió la pregunta tres veces, y las tres veces recibió la misma respuesta. Luego, le preguntó: «¿Quisiera que le nombrara un abogado de oficio para que la defienda?». Ella respondió: «Este tribunal no tiene autoridad sobre mí. No reconozco los cargos en mi contra». Este diálogo también se repitió tres veces, y el juez comenzó a enfadarse: «Señora, si usted no contesta mi pregunta, no me deja ninguna alternativa; tendré que privarla de su libertad ahora mismo». Ella: «Usted no tiene esa autoridad sobre mí». De reojo, vi a los alguaciles alistarse cautelosamente detrás de la señora preparando las esposas que llevan a la cintura. Tras recibir una vez más la misma respuesta, el juez dictó: «Queda detenida». Rápidamente, un alguacil le puso las manos atrás, y en pocos segundos, quedó privada de libertad. Mientras la sacaban del recinto, gritaba a voz en cuello: «¡Usted no tiene autoridad sobre mí! ¡Usted no tiene autoridad sobre mí!».

Pero no critiquemos demasiado a esta mujer, ni la tengamos por muy tonta. Ante Dios, toda la humanidad ha adoptado la misma actitud frente a su Creador: «Usted no tiene autoridad sobre mí». La Escritura dice: «Todos nosotros nos hemos extraviado como ovejas; hemos dejado los caminos de Dios para seguir los nuestros» (Isaías 53:6 NTV). Desde nuestros primeros padres hasta el día de hoy, la naturaleza humana se caracteriza por estas marcas: es rebelde contra Dios. Niega la existencia de él. Se va por sus propios caminos. A lo malo llama bueno, y a lo bueno llama malo. Creemos tener toda autoridad sobre nosotros mismos y los demás. Somos una raza de rebeldes. Y ¿cuál es la mayor rebeldía —el mayor pecado—? No creer que hay perdón para toda nuestra perversidad y rebeldía. Por eso, la misma Escritura ya citada dice: «Sin embargo, el Señor puso sobre él los pecados de todos nosotros». En la cruz, Jesús se vistió de toda la humanidad rebelde, incrédula, blasfema y perversa. Ninguno de nosotros faltó aquel oscuro día en la cruz. Estuvimos presentes en su cuerpo inocente. El único ser humano que siempre reconoció la autoridad de Dios se hizo el pecador más grande de todos. Se hizo la suma total de todo lo que es rebeldía e incredulidad frente a Dios. Y como tal, recibió la sentencia: separación total de Dios. Fue abandonado por Dios para que nosotros, los rebeldes, pudiéramos ser abrazados por ese Dios como sus propios hijos. Declarados tan justos y creyentes como Jesucristo mismo. Esa es la gracia de Dios que tapa toda boca rebelde y perversa con su amor. Incluso la tuya y la mía. Hoy mismo. Y ¿decimos que Dios no tiene autoridad sobre nosotros? Aun así, Dios nos toma prisioneros, y nos envía no a la condenación, sino al reino de su amor por toda la eternidad. «Por eso Dios también lo exaltó sobre todas las cosas y le dio un nombre que es sobre todo nombre, para que en el nombre de Jesús se doble toda rodilla de los que están en los cielos, en la tierra y debajo de la tierra; y toda lengua confiese que Jesucristo es el Señor, para gloria de Dios Padre» (Filipenses 2:9–11 RV60).

61

No intervino con su
propio cuerpo

> «[Jesús] mismo llevó nuestros pecados en su cuerpo sobre la cruz, a fin de que muramos al pecado y vivamos a la justicia, porque por sus heridas fuisteis sanados» (1 Pedro 2:24 LBLA).

El informe del trabajador social era contundente. La madre no intervino con su propio cuerpo para proteger a su niña. Cuando el padre empujó a la niña contra un vidrio, y los vidrios rotos le causaron profundas heridas, la madre no intervino con su propio cuerpo. El brazo de la niña necesitó veinte puntos de sutura. Cuando el padre castigó a la niña con un cinturón de cuero dejándole gruesas marcas en la piel, la madre no intervino con su propio cuerpo. Cuando el padre agarró al pequeño por el cuello de la camisa y lo empujó contra la pared causándole heridas en el cuero cabelludo y lesiones en el cerebro, la madre no intervino con su propio cuerpo. De nada sirvió que la madre dijera que el padre la había amenazado si intentaba detenerlo. Ella no intervino con su propio cuerpo. De nada sirvió que el abogado dijera que la razón de los castigos era que la niña de quince se escapaba con su novio de veintiocho años para pasar la noche juntos. El juez dictó una medida de detención para los niños protegiéndolos de ambos padres. Del padre, por su violencia, y de la madre, por no intervenir con su propio cuerpo. La ley es clara. La única manera de demostrar que no se es cómplice en el acto de violencia es interponer el cuerpo propio para proteger a los hijos. El castigo que uno de los padres descarga sobre uno o más de sus hijos debe ser recibido por el otro progenitor, aunque le cueste la vida.

En el tribunal divino, la ley también es clara. El pecador debe enfrentar las consecuencias de desechar la gracia de Dios. Sin embargo, la gracia de Dios no tiene límites. Dios asume personalmente esas consecuencias. En el misterio del Dios tri-Uno, el Hijo dijo: «Prepárenme un cuerpo, pues voy a intervenir con mi propia vida» (Hebreos 10:5 Paráfrasis del autor). La Escritura dice que él mismo llevó nuestros pecados en su cuerpo para que nosotros, muertos allí al pecado, vivamos para la justicia, pues por sus heridas hemos sido sanados (1 Pedro 2:24 Paráfrasis del autor). Cristo intervino para que su propio cuerpo fuera molido por la furia de Satanás: amargura, odio, golpes, burlas, sarcasmo y todos los matices de todo tipo de violencia. «Ciertamente llevó él nuestras enfermedades, y sufrió nuestros dolores; y nosotros le tuvimos por azotado, por herido de Dios y abatido. Mas él herido fue por nuestras rebeliones, molido por nuestros pecados; el castigo de nuestra paz fue sobre él, y por su llaga fuimos nosotros curados» (Isaías 53:4–5 RV60).

Nota que el profeta dice que «nosotros le tuvimos por azotado, por herido de Dios y abatido». El profeta señala el gran contraste entre lo que hizo el Mesías y lo que nosotros creemos que ocurrió. A diferencia de lo que hizo el hombre de nuestra historia, el Padre no arremetió contra su Hijo. Eso es lo que nosotros creemos que ocurrió. Pero ¡no! El profeta dice que «él fue herido por nuestras rebeliones, y molido por nuestros pecados». Muchos se burlan del evangelio diciendo que así es como el cristianismo apoya muy piadosamente el maltrato infantil y todo tipo de violencia. Alegan que, si el Padre castigó al Hijo con la violencia de la cruz, entonces el Padre es el primer abusador. Sin embargo, fue el acusador —ciertamente, el padre de mentiras— quien incitó a los hombres contra su Sustituto humano ante Dios. Tiernamente, el Padre celestial trajo oscuridad sobre la cruz para cubrir el sufrimiento del Hijo y espantar a quienes perpetraban violencia contra él. Pues, al sufrir voluntariamente por la carga de nuestros pecados, la agonía del Hijo fue tal que exclamó: «Dios mío, Dios mío, ¿por qué me has abandonado?» (Mateo 27:46 DHH). Sin embargo, el Padre estaba allí, oculto, arropándolo en esa densa oscuridad, y la fe del Hijo fue tal que, en medio de las tinieblas, vio la luz y quedó satisfecho (Isaías 53:11). El Hijo intervino aunque le costó la vida, pero al hacerlo, ¡conservó sus derechos de paternidad sobre nosotros para siempre!

62

Con dos balas me perdonó
la vida

> «Él cargó con nuestras enfermedades y soportó nuestros dolores
> [...] él sufrió en nuestro lugar, y gracias a sus heridas recibimos
> la paz y fuimos sanados [...] Él cargó con los pecados de muchos
> para que fueran perdonados. Él dio su vida por los demás» (Isaías
> 53:4–5, 11 TLA).

La madre hablaba acaloradamente con el abogado defensor. «Estaba
dormida en mi cama con mis dos niñas, una de tres y otra de cinco.
De repente, me desperté con una sensación rara. En la poquita luz,
pude ver el cañón de la pistola en mi frente. Era mi marido, que días
antes, yo había echado de la casa por violento y borracho. Podía oler
su aliento de alcohol. Me puso el cañón en la frente. "Dime con quién
estás saliendo y no te mato", me dijo. "Con nadie", le contesté. Escuché
el gatillo y el martillo de la pistola que pegaron en falso sin disparar. El
terror me congeló. "¿Con quién estás saliendo?", me gruñó con todo
tipo de malas palabras. "Con nadie, ya te dije". Otra vez escuché el
gatillo y el martillo, pero la pistola no disparó. Grité su nombre y las
niñas se despertaron. Mi niña mayor vino del otro cuarto y prendió
la luz. Él la apuntó con la pistola, pero antes de disparar, sacó todas
las balas y las volvió a poner en el tambor. Todas las niñas estaban
gritando. Volvió a poner el cañón en mi frente, pero mi niña mayor

se le vino encima con un bate. Le dio el golpe atrás, en el cuello, y luego él salió corriendo por la puerta trasera. Tengo mucho miedo de que vuelva. Sin querer, me perdonó la vida con dos balas que no se dispararon. Ayúdenme, por favor, con una medida de protección. No quiero que vuelva. Me quiere matar».

La ira del hombre es injusta porque se descarga sobre otros tan pecadores como él. Sin embargo, la ira de Dios podría parecer más injusta, porque fue asumida por el único hombre totalmente justo, santo, inocente y puro: Jesucristo, en la cruz del Calvario. Fue un hecho histórico, que sucedió en un cuerpo vivo y real. Pero al mismo tiempo, se hizo justicia. En ese cuerpo santo, inocente y puro, estábamos todos nosotros, los pecadores. Ahí, sobre su cuerpo en la cruz, no faltó nadie. Desde el pecador más perverso hasta la persona más famosa por su aparente santidad y obras de caridad. Jesús tuvo que hacerse pecado y pecador por cada ser que haya respirado oxígeno sobre esta tierra. Y cuando él asumió la ira de Dios sobre sí mismo, se hizo justicia. Nada allí fue falso. Su cuerpo sufrió nuestro castigo. «Él cargó con nuestras enfermedades y soportó nuestros dolores. Nosotros pensamos que Dios lo había herido y humillado. Pero él fue herido por nuestras rebeliones, fue golpeado por nuestras maldades; él sufrió en nuestro lugar, y gracias a sus heridas recibimos la paz y fuimos sanados [...] Él cargó con los pecados de muchos para que fueran perdonados. Él dio su vida por los demás» (Isaías 53:4–5, 11 TLA). La Escritura amonesta que todo pecador «también beberá del vino de la ira de Dios, que ha sido vaciado puro en el cáliz de su ira», trayendo el castigo de Dios y sus eternas consecuencias. Pero fue otro quien tomó ese cáliz de su ira. Fue otro quien bebió tu amarga copa hasta la última gota. Se llama Jesucristo, y lo hizo en tu favor. Por ese sacrificio en cuerpo ajeno, tú y yo somos perdonados. El pecado nos quiso matar, pero él intervino, y porque él así lo quiso, nos perdonó la vida. Ha expedido una orden de alejamiento contra la muerte, sin fecha de vencimiento. ¡Estamos eternamente protegidos!

No se te impondrá el castigo normal

> «Y tomando la copa, y habiendo dado gracias, les dio, diciendo: Bebed de ella todos; porque esto es mi sangre del nuevo pacto, que por muchos es derramada para remisión de los pecados» (Mateo 26:27–29 RV60).

La jovencita tenía diecinueve años, pero ya estaba en el tribunal por una acusación de violencia contra su niñita de dos años. La primera vez que se presentó, se le concedió un abogado de oficio; un abogado nombrado por el mismo juez, sin costo alguno para la acusada. El abogado ya tenía experiencia en estos casos, y enseguida habló con el fiscal. «Mira, esta madre todavía es una niña. No tenía experiencia como madre, y en vez de intentar disciplinarla sin violencia, agarró a la niñita de dos años con una correa, como lo hacían con ella cuando era niñita. De nada sirve enviarla a la cárcel. ¿Qué tal si la obligamos a participar en clases para madres, y con eso le hacemos un bien a la mamá, a la niñita, y al que viene —pues está embarazada otra vez?». El fiscal lo pensó, y respondió: «Vamos a darle la oportunidad, pero dile: "Si falta a tan solo una de las clases, se va a la cárcel, y el Bienestar Social se encargará de la niña. Le doy un plazo de tres meses para cumplir con las doce clases. Tiene que ir sin falta una vez por semana"». Ahora, tres meses más tarde, se presentaba con su certificado de dieciséis clases.

Había cumplido el requisito. El abogado le dijo: «Puesto que cumpliste con las clases, el juez va a levantar todos los cargos en tu contra. No se te impondrá el castigo normal de las personas en tu situación. Pero ¿aprendiste algo en las clases?». La jovencita se sonrojó. Con una sencilla inocencia, respondió: «Aprendí a ser buena mamá».

En el tribunal divino, se impone la misma pena a todos, sin mirar quién es quien, ni quién cumplió con esto o lo otro. La condena de muerte no se puede evitar con clases, remordimientos, o aprendiendo a ser mejores personas. Eso nos ayuda a convivir con otros aquí en esta vida, pero el Juez del universo lo rechaza como insuficiente para ganar su perdón. El Juez pide una vida perfecta, desde la cuna hasta el sepulcro. Y esa es la vida que Jesucristo presentó en nuestro favor. Dando el vino a sus discípulos, dijo: «Esto es mi sangre del nuevo pacto, que por muchos es derramada para remisión de los pecados» (Mateo 26:28 RV60). Hizo el pacto con el Padre. Él tomaría nuestro lugar, viviría una vida pura, santa, sin mancha alguna, y la presentaría ante el Padre como la nuestra. También llevaría nuestro pecado, y sufriría el castigo que nosotros merecemos, derramando así su sangre «para remisión de pecados». Tras jurar ese pacto, lo cumplió al pie de la letra, diciendo al morir: «¡Todo ha sido cumplido; perdónales lo que hacen!». Con ese grito de amor victorioso, conquista nuestro corazón, nos saca un suspiro de fe, y nos traslada a su reino eterno. ¿Y tú? ¿También estás suspirando? Es tu fe. «Si tuviereis fe como un grano de mostaza, diréis a este monte: Pásate de aquí allá, y se pasará; y nada os será imposible» (Mateo 17:20 RV60). Con un átomo de fe, tus pecados pasarán de la montaña de tu corazón al corazón de Cristo. El Juez ni siquiera te preguntará: «¿Qué aprendiste en la clase del evangelio?». Simplemente caerás a sus pies en santa adoración.

64

¡A mí no me controla nadie!

«Estando en la condición de hombre, se humilló a sí mismo, haciéndose obediente hasta la muerte, y muerte de cruz. Por lo cual Dios también le exaltó hasta lo sumo, y le dio un nombre que es sobre todo nombre, para que en el nombre de Jesús se doble toda rodilla de los que están en los cielos, y en la tierra, y debajo de la tierra; y toda lengua confiese que Jesucristo es el Señor, para gloria de Dios Padre» (Filipenses 2:8–11 RV60).

Ya a sus catorce años el joven tenía una mirada distante y desafiante. Entramos a la sala de entrevistas con su madre y el abogado del joven. Enseguida se reclinó en el espaldar de su silla contra la pared. El abogado le reclamó: —Miguel, esta es una acusación seria; te pueden encerrar en el reclusorio juvenil hasta por tres años —le dijo, mientras Miguel miraba intensamente un punto distante en la pared opuesta—. ¿Me entiendes? —Ajá —respondió sin interés alguno. —Entraste a un comercio y te robaste dos cartones de cerveza. Te pueden encerrar hasta por tres años. —Ahora el joven fijó su atención en sus uñas. El abogado intentó por otro lado: —Si te hiciéramos una prueba de drogas ahora mismo, ¿saldrías limpio, o sucio? —La madre lo miraba con una profunda tristeza; su rostro estaba pálido y los labios le temblaban como si elevara una súplica que nadie podía escuchar. —Ah, pues la máquina dirá, ¿no? —respondió el joven sin levantar el rostro. —Dime —prosiguió el abogado—: ¿la marihuana te controla, o tú controlas la marihuana? —A mí no me controla nadie —balbuceó el muchacho con una fugaz mirada a la madre. —Entonces, si la marihuana no te controla, ¿por qué estás aquí? —Dos cartones de cerveza no es nada —respondió entre dientes el muchacho, tras lo cual la madre rompió en llanto.

Ciertamente es el cuadro de un joven rebelde, engañado y egoísta. Podríamos decir muchas cosas más lamentando el carácter del joven, el presunto descuido de los padres, el fracaso del sistema escolar, de las iglesias, del gobierno, y apuntar con el dedo a muchos más. Pero las palabras del joven hallan eco en cada corazón humano: «A mí no me controla nadie». Este ha sido el grito del pecado en cada joven, y en cada ser humano, en todas sus etapas. Hasta que llegó el joven Jesús, quien se sometió a sus padres, «y crecía en sabiduría y en estatura, y en gracia para con Dios y los hombres» (Lucas 2:52 RV60). Desde niño y joven ya estaba tomando nuestro lugar. A los doce años, lo encontramos en otra sala, en el templo, discutiendo con abogados y religiosos, pero él hacía las preguntas. «Y ¿por qué no enseñan la verdadera fe?». «¿Por qué enseñan de todo, excepto que Dios perdona los pecados por la sangre del Cordero?». Ese fue su acto de rebeldía. A él solo lo controlaba su pasión por vivir una vida santa y justa en nuestro favor. No había dicho nada a sus padres. Cuando las fiestas en Jerusalén terminaron, se quedó en el templo, abogando por nosotros. Cuando finalmente lo encontraron, se defendió con una sola pregunta: «¿Acaso no sabían que es necesario que me ocupe de los negocios de mi Padre?» (Lucas 2:49 RV60). Y esa ocupación lo llevó hasta la cruz, donde murió por tus pecados para que hoy puedas confesar que, por la fe, en él has quedado sano y justificado de tu niñez, tu juventud, y cada etapa de tu vida, ¡por su inigualable acto de rebeldía!

65

En un pleito: ¿mediador o juez?

> «Yo no juzgo a nadie [...] no he venido a juzgar al mundo, sino a salvar al mundo»; «Porque hay un solo Dios, y un solo mediador entre Dios y los hombres, Jesucristo hombre» (Juan 8:15 RV60; 12:47 RV60; 1 Timoteo 2:5 RV60).

Digamos que tú eres un sobrino de mi hermano, y que yo te contraté para limpiar y arreglar las zonas verdes de mi patio. Pero un día encuentro una bella maceta, toda rota. Al revisarla, observo que, en uno de los pedazos, hay una marca negra que parece corresponder a una rueda pequeña. Luego la comparo con la rueda de la cortadora de césped, y encuentro una marca de pintura del mismo color que el de la maceta. En mi mente, ato los cabos. Tú eres mi pariente; quebraste mi maceta con la rueda de la máquina. Cuando te reclamo, me contestas: «No sé de qué estás hablando. No sé cómo se quebró». Para resolver estos casos, en los tribunales de lo civil existe el Tribunal de Reclamos de Menor Cuantía. Al poner la demanda, el secretario me informa que puedo presentar el caso ante un mediador o ante el juez. El mediador escucha a las dos partes y las ayuda a llegar a un acuerdo sin la intervención de un juez. La ventaja es que el acuerdo no se registra en ningún expediente. Ninguno queda como el malo de la película. Ambos firman un acuerdo, y prometen cumplirlo. El mediador logra que las dos partes queden conformes con el acuerdo. Pero si el fallo queda en manos del juez, una parte ganará, y la otra perderá. ¿Qué prefieres? ¿Mediador o juez?

Sin embargo, en el tribunal divino tenemos otro caso pendiente, y no se trata de un reclamo de menor cuantía. Es un asunto de vida o muerte. ¿Apelaremos directamente al Juez? Él tiene la obligación de juzgar estrictamente de acuerdo a la ley: «El alma que pecare, esa morirá» (Ezequiel 18:20 RV60). Pero ¿y el Mediador? Las Escrituras nos dicen que hay un solo «mediador entre Dios y la humanidad: el hombre Cristo Jesús» (1 Timoteo 2:5 BLP). Sin embargo, este es un mediador totalmente diferente al del tribunal de menor cuantía. El mismo nombre de esos tribunales señala que es un mediador «menor». Pero en el tribunal de Dios, el Mediador es infinitamente mayor. Su obra es radicalmente diferente a la de los mediadores terrenales. Estos intentan que cada parte ceda un poco a las demandas de la otra. Cada cual se contenta con un poco más (o menos) de plata, o cualquier compensación que estén buscando, hasta sacarle al otro lo más posible. Pero nuestro Mediador celestial envuelve a todas las partes en sí mismo, muere por ellas en la cruz, las reviste con su justicia, y luego las presenta ante el Juez ¡sin deber absolutamente nada! Pues todos han sido reconciliados en él, y cada uno con los otros, por la misma gracia que recibieron de Dios. «Yo no juzgo a nadie. [...] no he venido para juzgar sino para salvar al mundo» (Juan 8:15 RV60; 12:47 RV60). Y luego muestra de qué manera es Mediador: «Nadie viene al Padre, sino por mí» (Juan 14:6). Sin embargo, hay otra manera de intentar llegar al Padre. Se trata del camino ancho, cuya puerta es de anchura kilométrica. Ese es el camino de la ley, «porque ancha es la puerta, y espacioso el camino que lleva a la perdición, y muchos son los que entran por ella» (Mateo 7:13 RV60). Sí, hay muchos que entran por el camino de la ley; obras, tratos, componendas, progreso, transformación; entregándole a Dios un poquito aquí y otro poquito allá; esperando que Dios también los ayude con esto y lo otro; pensando que todos esos esfuerzos los dirigen al Padre sin un Mediador. Pero todas esas vías están clausuradas. Entrar por medio de

Jesús —y únicamente Jesús— es entrar por la puerta angosta, que nos lleva por el camino angosto. Pues él mismo dijo: «Yo soy la puerta; el que por mí entrare, será salvo» (Juan 10:9 RV60). No busques más; ¡hay un solo Mediador!

66

Dígale que me espere los cinco años

> «Grábame como un sello sobre tu corazón […] porque el amor
> es más fuerte que la muerte»; «Dios amó tanto al mundo que dio
> a su Hijo único para que todo el que crea en él no se pierda, sino
> que tenga vida eterna» (Cantares 8:6 BLPH; Juan 3:16 PDT).

—No va a creer mi historia —me dijo el recluso—. Estoy aquí solo por mi novia. Ella me convenció de que me entregara. Adentro, los otros reclusos me dicen que fui el tonto más grande por hacerle caso; que ella me quiere adentro para tener amoríos con otros allá afuera. No sé qué pensar. ¿Qué piensa usted? —Y ¿qué le dice ella? —respondí. —Que me quiere mucho; que me va a esperar hasta que salga. —Y ¿usted confía en ella? —añadí. —La semana pasada nos casamos, aquí en la oficina del reclusorio. Nos casó el director de la cárcel. —Y ¿de quién fue esa idea? —Pues de ella, para que no dudara de ella. —Pero sigues dudando… —Pues, cinco años es mucho tiempo, ¿no? —Déjame entender bien tus dudas. Ella te metió adentro para tener libertad y estar con otros, pero, al mismo tiempo, se amarró con un delincuente, despreciado por la sociedad, que una vez afuera solo le va a dar problemas… —Se quedó en silencio, con la mirada fija en sus sandalias—. ¿Qué clase de mujer se comprometería con un criminal? —le pregunté—. Me parece que tienes una joya. —Se formaron lágrimas en sus ojos. —Me consuela lo que dice. Dígale que la quiero mucho, que me espere... Dígale, no se olvide, ¡que me espere los cinco años! —Cuando hablé con la joven esposa fuera de la sala, la encontré rodeada de su madre, su abuela, su tía, dos hermanas, y tres sobrinos. Tenía el apoyo de su familia. Sus ojos también se llenaron de lágrimas cuando le di el recado. La abuelita rompió el silencio: —Es que ya está embarazada del muchacho.

Da para preguntarse si de veras la muchacha estaba cuerda al casarse con un recluso, y encima, embarazada. Pero el amor no tiene lógica. O, más bien, el amor tiene su propia lógica, que solo el enamorado entiende. El Cantar de los Cantares, en las Sagradas Escrituras, contiene una de esas historias de amor imposibles. Ella, una morena despreciada hasta por su propia familia debido al color de su piel, y por su pobreza. Él, rey de una poderosa y prestigiosa nación. Los dos, perdidamente enamorados. Él le canta: «¡Cuán bella eres, amada mía! ¡Cuán bella eres!». Ella le responde: «¡Cuán hermoso eres, amado mío! ¡Eres un encanto!» (Cantares 1:15–16 NVI). Y no hay tregua en la historia. Cuanto más la gente intenta separarlos, más se enamoran. En el momento en que su amor es probado, y el rey teme perderla, exclama con ese grito loco del amor: «Grábame como un sello sobre tu corazón, como un sello en tu brazo; porque el amor es más fuerte que la muerte... ¡El fuego del amor es una llama que Dios mismo ha encendido!» (Cantares 8:6-7 TLA). Tal vez a algunos les sorprenda que esa historia de amor se encuentre en las Escrituras. Pero es la historia del amor que Dios siente aun por el más perdido pecador: «Dios amó tanto al mundo que dio a su Hijo único para que todo el que crea en él no se pierda, sino que tenga vida eterna» (Juan 3:16 PDT). Te ha esperado toda tu vida, y cuando confías en su perdón, ¡se desploman las paredes de tu cárcel!

67

El problema lo tienen otros, yo no

> «Yo, yo soy el que borro tus rebeliones por amor de mí mismo, y no me acordaré de tus pecados» (Isaías 43:25 RV60).

El abogado defensor disputaba ante el jurado. «Cuando estaba tras el volante, mi cliente no estaba ebrio. Solo estaba en la fase de absorción. El proceso desde que el alcohol sale de la botella, pasa por la boca, llega al estómago, se absorbe en el intestino delgado, entra a la sangre, y finalmente llega al cerebro, dura aproximadamente una hora. Cuando el policía detuvo a mi cliente, su alcoholemia aún no superaba el límite permitido de 0.08 %. Fue después, cuando le hicieron las pruebas con el alcoholímetro, que se demostró que el alcohol iba en aumento. Sin embargo, cuando lo detuvieron a las 2:06 a. m., no se había pasado de la raya». No obstante, el jurado no le creyó, y lo declaró culpable por conducir ebrio. Lo que el jurado no sabía era que este caso era el segundo en menos de tres años, lo cual aumentaba su sentencia. El juez, como medida de libertad preventiva, le había pedido al acusado que acudiera a tres reuniones de Alcohólicos Anónimos por semana. Antes de dictar la sentencia, el juez le preguntó: —Y ¿qué aprendió en los Alcohólicos? —Esas personas sí que tienen ese problema de beber y manejar. —Y usted, ¿tiene el problema? —Es que yo solamente manejé ebrio esa vez. —¡Sesenta días de cárcel! —sentenció el juez—. Tal vez allí aprenda que el problema también lo tiene usted. Es un irresponsable. ¡Sabía muy bien que había tomado cuando arrancó conduciendo tras el volante! ¡Y hoy dice que los del problema son otros, no usted!

Siempre debemos asumir la responsabilidad de nuestros hechos. Pero, ante Dios, ¿quién puede ser perfectamente responsable? Por eso, el propio rey David suplicó ante Dios: «No entres en juicio con tu siervo... pues ante ti nadie puede justificarse» (Salmo 143:2 RVA2015). Mientras el culpable de nuestra historia dijo: «Otros tienen el problema, yo no», David suplica a Dios que no lo juzgue, no lo condene, no lo sentencie, porque ante el Juez del universo, toda conducta es reprobable. Pero ¿no era el salmista un «siervo» de Dios? En nuestros días podría incluso ser un pastor, un sacerdote, un reconocido salmista, un profeta, o un dirigente de un concilio de iglesias. ¿Podría tal persona entrar en juicio con Dios y ser justificada? El rey David conocía su propio corazón: «Si tú me juzgas, oh Dios, quedaré condenado»; no importa mi título de «siervo», o la buena opinión que la gente tenga de mí. Ante tu justicia, tu amor y tu pureza, jamás podría ser declarado justo. El problema no es de otros; el problema es mío. Yo soy el irresponsable. «Contra ti, contra ti solo he pecado, y he hecho lo malo delante de tus ojos; para que seas reconocido justo en tu palabra, y tenido por puro en tu juicio» (Salmo 51:4 RV60). ¿Hay perdón y evangelio para el irresponsable? «Yo, yo soy el que borro tus rebeliones por amor de mí mismo, y no me acordaré de tus pecados [tu irresponsabilidad]» (Isaías 43:25 RV60). «Porque el Hijo del Hombre vino a buscar y a salvar lo que se había perdido [al irresponsable]» (Lucas 19:10 RV60). Y ¿qué de aquel hombre que oraba en el templo golpeando su pecho? Decía: «Dios, ten misericordia de mí, que soy pecador [irresponsable]». ¿Qué dijo el Juez? «Este volvió a su casa justificado» (Lucas 18:14 RVC). No mires a ningún otro lado, ni a nadie más. Esa persona eres tú. El que no miente, ni acusa, ni calumnia, ¡te ha justificado!

68

El robo «armado»

> «El ladrón no viene sino para hurtar y matar y destruir; yo he venido para que tengan vida, y para que la tengan en abundancia» (Juan 10:10 RV60).

El vídeo se veía borroso y en blanco y negro. En una esquina de la pantalla se podía ver la hora: 2:04 a. m. En la otra esquina se veía una ventana abierta, y dos cuerpos que entraban por la abertura. Estaban encapuchados y con el rostro cubierto. Llevaban guantes. Otra cámara de vigilancia captaba todo el interior del taller. Se podía ver cómo los dos hombres iban de coche en coche, sacando objetos y colocándolos en sus mochilas. Luego, a las 2:45 a. m., ambos desaparecían por donde habían entrado, cuidando de cerrar la ventana. Ahora, la policía conversaba con una de las víctimas. «Este es otro tipo de robo "armado", pero sin arma alguna. Todo es un montaje. El propietario del taller de mecánica les paga a un par de empleados para que aparenten el robo. A la mañana siguiente, él denuncia el robo a su compañía de seguros y a la policía. El hombre pone una demanda por pérdidas valoradas en miles de dólares. El ladrón empeña los objetos, y se queda con la plata de la aseguradora. Es un negocio redondo». El abogado de la víctima añadió: «Lo interesante de este caso es que no encontramos al propietario para hablar con él, y sus empleados renunciaron y desaparecieron». «Y a mí, nadie me ha pagado nada por mi coche todavía», añadió el dueño del coche. Pareciera un robo y un reclamo verdadero, pero todo es un montaje.

Pareciera que cada día surge una nueva maldad que nos arrebata la paz. Violencia, matanzas, y la mayoría en nombre de Dios, o de algún otro dios. Eso sí que es un robo «armado». Se roban el nombre de Dios para hacer un montaje de él a fin de robarnos una verdadera paz y confianza en un Dios de amor y paz. «Justificados pues», anuncia el apóstol san Pablo, «tenemos paz para con Dios por medio de nuestro Señor Jesucristo» (Romanos 5:1 RV60). Allí se anuncia que Jesucristo llevó toda violencia y maldad humana sobre su cuerpo, en la cruz. Allí, él se hizo el criminal más infeliz y culpable. ¿Para qué? Para que tengamos paz con Dios confiando en su increíble hazaña a nuestro favor. Si todos creyeran esto —que fueron realmente perdonados y justificados en un cuerpo ajeno— y vivieran con una profunda gratitud por ese sacrificio, verdaderamente tendríamos paz con Dios y los unos con los otros. Pero el enemigo de la paz se ha «armado» dioses falsos para robarnos toda paz, y ponernos a los unos contra los otros. Jesucristo dijo: «El ladrón no viene sino para hurtar y matar y destruir; yo he venido para que tengan vida, y para que la tengan en abundancia» (Juan 10:10 RV60). No nos queda más que gritar lo mismo que uno de los ladrones crucificados junto a él: «Señor, ¡acuérdate de mí cuando vengas en tu reino!». La respuesta será la misma: «¡Te digo que hoy mismo estarás conmigo en el paraíso!».

69

Abuso contra persona de la tercera edad

«Porque no envió Dios a su Hijo al mundo para condenar al mundo, sino para que el mundo sea salvo por él» (Juan 3:17 RV60).

En la sala de entrevistas, el abogado hablaba con los padres sobre el hijo de ellos, un joven de diecisiete años. Ambos eran obreros en los campos agrícolas. Piel teñida, quemada y arrugada por el sol. Dedicados al trabajo, honrados, disciplinados. Pero, al igual que tantos padres en circunstancias similares, al sacrificarse por sus hijos, al mismo tiempo los descuidan. Por su parte, los hijos no valoran el sacrificio de sus padres. Durante la entrevista, la historia se reveló poco a poco. El joven había metido la mano en el bolso de su mamá. Con cien de aquellos dólares ganados bajo el insoportable calor del campo, se fue con sus amigotes al casino, seguro de que, como mínimo, los triplicaría jugando en las maquinitas de azar. Allí lo perdió todo. No sabía cómo repondría el dinero en el bolso de su mamá. De reojo, vio a una anciana jugando en una maquinita. A su lado había una silla de ruedas sobre la cual se hallaba un bolso cuyas correas colgaban hacia la falda de la señora. Trazó su plan. Pasaría caminando rápido, tiraría del bolso y correría hacia la salida. Sin pensarlo, actuó. Sin embargo, no se dio cuenta de que la señora había atado una correa del bolso a su muñeca. Al dar el tirón, el muchacho la hizo caer golpeándose contra la silla y luego contra el piso. Era una anciana de setenta y cinco años. Se abrió una herida en la frente, y quedó con moretones por todo el cuerpo. Las cámaras de seguridad captaron todo. Los guardias estaban esperando al muchacho en la puerta.

Los padres tendrían que pagar todos los gastos médicos. El joven quedó encerrado en el reclusorio de menores por seis meses, por atentar contra una persona de la tercera edad. Al salir, tendría que cumplir cincuenta horas de trabajos comunitarios. ¿Los peores perjudicados? ¡Los padres! ¿De dónde sacarían los cinco mil dólares para pagar los gastos médicos?

Ahí, en ese muchacho, estamos retratados todos; toda la humanidad. ¿Nuestro mayor pecado? El mismo del muchacho. Despreciamos el sacrificio del Anciano de Días, que dio a su Hijo por nosotros. «Sabiendo que fuisteis rescatados de vuestra vana manera de vivir, la cual recibisteis de vuestros padres, no con cosas corruptibles, como oro o plata, sino con la sangre preciosa de Cristo, como de un cordero sin mancha y sin contaminación» (1 Pedro 1:18–19 RV60). «Él fue traspasado debido a nuestra rebeldía. Fue magullado por las maldades que nosotros hicimos. El castigo que él recibió hizo posible nuestro bienestar. Sus heridas nos hicieron sanar a nosotros. Todos nosotros nos habíamos perdido como ovejas. Cada uno agarró su propio camino. Pero el Señor cargó en él todo el castigo que nosotros merecíamos» (Isaías 53:5–6 PDT). El joven de nuestra historia quedó libre en dos meses, por el sacrificio de sus padres, que vendieron un terreno en su país para pagar los gastos médicos de la anciana. Nosotros somos libres por el sacrificio de nuestra familia celestial, la cual, al precio de la vida de su Hijo amado, logró nuestra libertad, y para siempre. «Porque no envió Dios a su Hijo al mundo para condenar al mundo, sino para que el mundo sea salvo por él» (Juan 3:17 RV60).

70

¿Un abogado encubridor?

> «Volverás a tener compasión de nosotros. ¡Aplastarás nuestros pecados bajo tus pies y los arrojarás a las profundidades del océano!» (Miqueas 7:19 NTV).

—Hoy iremos ante el juez para convencerlo de que ya le puede devolver a sus hijos —el abogado defensor asesoraba a su cliente—. Usted ha ido a la clase para padres, y no ha faltado a sus terapias. Además, todas las pruebas de drogas que le practicaron salieron limpias. Aquí hay una, dos, tres pruebas limpias en los últimos seis meses. Solo esta —dijo el abogado mostrándole la hoja—, esta última prueba, salió sucia. La del mes pasado. —Entonces, ¿me va a afectar? —preguntó el hombre, preocupado. —No; si usted está de acuerdo, la voy a sacar de acá, y la voy a poner aquí. Esas se las doy al juez, y estas las guardo. Son confidenciales. Si el juez ve esta última prueba sucia, no le devolverán los niños, y tendrá que esperar otros seis meses. —¿Usted piensa que eso está bien? —preguntó el hombre, con ansiedad. —Mire, señor, mi papel es darle al juez la mejor imagen posible de usted. El otro abogado tratará de darle la peor. El juez decidirá. —Usted verá —contestó el hombre, todavía dudoso. —Cuando se presentaron ante el juez, no se supo nada de la última prueba, y los niños regresaron a casa con su papá y su mamá. Alguien podría acusar al abogado defensor de encubridor, por ocultar los errores del papá —los niños podrían correr nuevamente peligro, con un padre proclive a la drogadicción—, y tendría toda la razón. Sin embargo, la función del abogado defensor es defender a toda costa a su cliente, aun escondiendo sus errores, para defender sus derechos de papá. Esa es la justicia humana. Imperfecta, defectuosa, y a veces, encubridora.

Sin embargo, la justicia divina es perfecta y sin defecto, y tiene nombre propio: «Jesucristo». Él es al mismo tiempo abogado defensor y representante de los más débiles, vulnerables y abusados a lo largo de la historia de la humanidad. Como abogado defensor, él le da a Dios la mejor imagen posible de nosotros. Esa imagen es la de él mismo. Todo lo bueno, amoroso, santo y puro que él es, lo presenta ante Dios como totalmente nuestro. De modo que no hay lugar para nuestros propios y numerosos pecados y defectos. En la Escritura hay una profecía que se cumplió en la cruz: «Volverás a tener compasión de nosotros. ¡Aplastarás nuestros pecados bajo tus pies y los arrojarás a las profundidades del océano!» (Miqueas 7:19 NTV). Además, Dios añade: «Yo, yo soy el que borro tus rebeliones por amor de mí; y no me acordaré de tus pecados» (Isaías 43:25 RV60). Eso también se cumplió con la muerte de Cristo en la cruz. Pero en la cruz nuestros pecados no fueron tapados. Allí no hubo ningún encubridor. Quedamos expuestos en toda nuestra perversidad, porque nuestros pecados causaron la muerte del Hijo de Dios. Nuestro abogado no escondió nuestros pecados, sino que los tomó sobre sí mismo para presentarnos limpios, puros y sin contaminación alguna en la presencia de Dios. Así, podemos exclamar: «Y a aquel que es poderoso para guardaros sin caída y para presentaros sin mancha en presencia de su gloria con gran alegría, al único Dios nuestro Salvador, por medio de Jesucristo nuestro Señor, sea gloria, majestad, dominio y autoridad, antes de todo tiempo, y ahora y por todos los siglos. Amén» (Judas 24–25 LBLA).

71

Será amparado con estatus migratorio

> «Pero Dios, que es rico en misericordia, por su gran amor por nosotros, nos dio vida cuando aún estábamos muertos en pecados» (Efesios 2:4–5 NVI). «Porque por gracia ustedes han sido salvados mediante la fe; esto no procede de ustedes, sino que es el regalo de Dios» (Efesios 2:8 NVI).

El joven que estaba a mi lado escuchaba mi traducción de la diligencia judicial. La abogada de menores presentaba el caso del joven ante el juez. Lo que al joven le faltaba de estatura a sus diecisiete años, le sobraba en dignidad. Erguido, frente en alto, mirada fija en el juez, sin parpadear, hombros hacia atrás. Aunque no comprendía el inglés, su cuerpo daba a entender que comprendía la importancia del momento. «Su Señoría, este joven fue hallado en un campo agrícola, sin la compañía de sus padres. Dormía debajo de un puente, y comía de las sobras que los otros obreros le daban. Finalmente, alguien dio parte a las autoridades, y fue rescatado. Cuenta que sus padres lo obligaron a salir de casa y dirigirse al norte con unos desconocidos. Al cruzar la frontera, fue abandonado por su grupo. Ha caminado cerca de ciento sesenta kilómetros hasta llegar a esta zona en busca de trabajo. Con la ayuda de la embajada de su país hemos encontrado a sus padres, quienes viven en un poblado muy pobre. Ellos niegan que Fermín

sea su hijo, y han firmado papeles renunciando a su patria potestad».
Yo traducía simultáneamente. Pero al escuchar esta última frase, el
joven balbuceó: «¿De veras? ¡No lo sabía!». La abogada prosiguió:
«Por lo tanto, solicito que se conceda la tutela del menor a la Agencia
de Rescate de Menores, y que se lo ampare con estatus migratorio
especial para menores». Otra vez, el joven susurró: «¡No lo puedo
creer!». El juez de tutelas concedió ambas peticiones.

En instantes, la desgracia de este joven se convirtió en un futuro
prometedor. ¿Qué había hecho para ganarse el favor de sus protectores?
Nada. ¿Cuánto le había costado el amparo del estatus migratorio en un
país favorecido? Nada. Al terminar la sesión, y llegado el momento de
salir, el joven se detuvo ante la tribuna. —Señor juez, voy a estudiar y
trabajar para agradecer siempre lo que han hecho por mí. —Adelante,
joven; confiamos en usted.

Básicamente, esta breve escena cuenta lo que significa ser cristiano.
Somos receptores de una gracia inmerecida. Nuestros pecados fueron
perdonados en la cruz, castigados en un cuerpo ajeno, y fuimos
resucitados a vida eterna en un cuerpo ajeno, el cuerpo de Jesucristo.
Dos mil años antes de nacer, ya habíamos sido rescatados por el Agente
Protector de Pecadores. Él nos concedió gratuitamente la ciudadanía
en el reino de Dios. «Nos dio vida con Cristo, aun cuando estábamos
muertos en pecados» (Efesios 2:5 NVI). «Porque por gracia ustedes
han sido salvados mediante la fe; esto no procede de ustedes, sino que
es el regalo de Dios» (Efesios 2:8 NVI). Nuestras mejores intenciones
son las de vivir a la altura de la gracia que se nos ha dado, tal como lo
expresó el joven de nuestra historia. Pero todo lo que hagamos no se
podrá comparar jamás con la obra de Cristo en nuestro favor. Y, por
la fe, ya la hemos comenzado a vivir. El Señor dijo: «Yo he venido
para que tengan vida, y para que la tengan en abundancia» (Juan 10:10
RV60). Sin merecerlo, ¡ya somos ciudadanos del reino de los cielos!

72

Te quiero, mi tesorito

«Les escribo a ustedes, queridos hijos, porque sus pecados han sido perdonados por el nombre de Cristo» (2 Juan 2:12 NVI).

Eran 57 cartas, escritas a mano, con pésima ortografía, sin puntos ni comas, pero repletas de amor y cariño. Las había escrito un padre a su hija, estando ella en la cárcel. Ella, a los diecinueve años, había asesinado a un muchacho de una pandilla contraria. Le había disparado a quemarropa, con premeditación y alevosía. La pandilla la había escogido para ajustar cuentas con la otra pandilla, y a la vez, para dar prueba de confiabilidad para entrar en la pandilla. Sin embargo, las pesquisas policiales condujeron a ella, y fue capturada. Así comenzó un largo proceso judicial. El padre de la niña la había criado como padre soltero. Ella no mostraba ningún remordimiento por su delito, y seguía teniendo un aspecto tosco, lleno de ira, odio, resentimiento y amargura. Cuando la niña venía al tribunal, su abogada me pedía que le leyera las cartas de su padre: «ay te van ochenta dólares para que compres comida y me yames kiero oir tu vos te kiero mucho, eres mi tesorito, ni niña linda, la mas preciosa, ojala salgaz pronto pa que podamos ir de viage y ver tu avuelita». En cada carta le repetía el mensaje. En algunas, añadía: «te escribi munchas vezes pero no ricivo nada de ti. No puedo crier que no tengas tiempo de iscribir dos rienglones pa' decirme como estas pero yo no dejo de piensar en ti ni por un momento». Fueron 57 cartas. El tema nunca cambió. Para su hija delincuente, condenada a cadena perpetua, sus palabras eran siempre: «Te amo mi tesoro, me haces mucha falta». En ningún momento le recriminó su delito. ¿Por qué fueron solo 57 cartas? Poco después de escribir la última, el padre falleció de un ataque al corazón.

La Escritura nos abre el corazón de Dios: «Les escribo a ustedes, queridos hijos, porque sus pecados han sido perdonados por el nombre de Cristo» (1 Juan 2:12 NVI). No fueron solo palabras. En Cristo Jesús, Dios mismo fue a la cruz. Allí, sobre su cuerpo, cargó todos nuestros pecados. Esa es la razón de su nacimiento. Nació por amor, un amor que se desplegó plenamente en el Calvario, cuando exclamó: «¡Consumado es!». Había dado todo su ser al cargar con nuestro pecado y, así, aniquilar toda nuestra maldad. Este es el mensaje de la colección de libros conocida como la Biblia, o las Sagradas Escrituras. A veces, algunas partes se leen como las cartas enviadas por el padre de nuestra historia a su hija descarriada y encarcelada. Sin embargo, el mensaje para nuestro corazón es el mismo: «Te amo, tesorito de mi corazón». No importa cuán descarriados y vagabundos hayamos estado —o estemos—: sus cartas nunca dejan de llegar. Fueron validadas por su muerte en la cruz. Su resurrección de entre los muertos las convierte en palabras vivas y eficaces para nuestra salvación. El hecho de que él ahora vive como nuestra justicia ante el Padre aclara todo lo que no entendemos de las Escrituras. De hecho, su vida santa, su sacrificio y su resurrección, son la clave para entender todas las Escrituras, no importa cuán difíciles sean de entender. La pasión de Cristo abre nuestro entendimiento. Eso fue lo que Jesús dijo a sus discípulos poco después de su resurrección, cuando se les apareció en el aposento alto:

> Y les dijo: Estas son las palabras que os hablé, estando aún con vosotros: que era necesario que se cumpliese todo lo que está escrito de mí en la ley de Moisés, en los profetas y en los salmos. Entonces les abrió el entendimiento, para que comprendiesen las Escrituras; y les dijo: Así está escrito, y así fue necesario que el Cristo padeciese, y resucitase de los muertos al tercer día; y que se

predicase en su nombre el arrepentimiento y el perdón de pecados en todas las naciones (Lucas 24:44–48 RV60).

Este es el mensaje de esas 66 cartas del Antiguo y el Nuevo Testamento: «Mas Dios muestra su amor para con nosotros, en que siendo aún pecadores, Cristo murió por nosotros. Pues mucho más, estando ya justificados en su sangre, por él seremos salvos de la ira. Porque si siendo enemigos, fuimos reconciliados con Dios por la muerte de su Hijo, mucho más, estando reconciliados, seremos salvos por su vida» (Romanos 5:8–10 RV60). Esas cartas contienen el decreto de nuestra libertad de la muerte y todos sus males a la libertad de todo nuestro ser en Cristo Jesús, Señor nuestro. ¡Ese tesoro es tuyo, «tesorito»!

73

El casi héroe de la historia

«Porque Cristo murió por los pecados una vez por todas, el justo por los injustos, a fin de llevarlos a ustedes a Dios. Sufrió la muerte en su cuerpo, pero volvió a la vida por medio del Espíritu» (1 Pedro 3:18 NVI).

Tres jóvenes y un señor de tercera edad, todos conocidos entre ellos, habían estado compartiendo en un cumpleaños. El señor de más edad se había ofrecido para conducir de regreso, así que no bebió con ellos. Poco después de la medianoche, se despidieron, subieron al coche y comenzaron a regresar. Sin embargo, un ruido en una llanta y la pérdida de velocidad le advirtieron al chofer que esa llanta se había averiado. Se detuvo a un lado. Los muchachos se ofrecieron de inmediato a cambiar la rueda, pero se llevaron la ingrata sorpresa de que el repuesto también estaba desinflado. Aún estaban lejos del pueblo; la zona era un arenal, había brisa, y estaban fuera del área de comunicación de sus celulares. Era una autopista de alta velocidad y nadie se detenía para prestarles ayuda. Mientras se lamentaban y maldecían su suerte, llegó una patrulla. El agente les pidió a todos que se pusieran en fila. Al darse cuenta de que algunos venían ebrios, preguntó: «¿Quién conducía?». Sin titubear, el señor de edad respondió: «Yo, señor agente». Pero el policía no le prestó atención, así que volvió a preguntar. Ante eso, uno de los jóvenes se acercó al agente, y con la valentía de un borracho, le dijo: «Yo, señor agente. Ese señor no venía manejando. Yo venía manejando». El chofer y el padre del joven eran compadres y viejos amigos, y el joven quiso proteger al amigo de su padre. Sin embargo, en ese momento no recordó que, dos años antes, lo habían arrestado y condenado por conducir ebrio. Así que, cuando se le pasó la borrachera en la comisaría, se dio cuenta de que lo acusarían de conducir ebrio por segunda vez. Demasiado tarde retractó su heroísmo. Afirmó que quien conducía no era él, sino el anciano. Días después lo juzgaron y testificó, pero el jurado no le creyó. Fue condenado y sentenciado.

La humanidad tiene un héroe que jamás se retracta de lo que hizo. Ofreció tomar nuestro lugar hasta las últimas consecuencias. La Escritura dice, puesto que él sufrió el castigo de Dios en nuestro lugar, «No se avergüenza de llamarnos hermanos» (Hebreos 2:11 NBV). Eso sí es heroísmo. Nos vio en la borrachera de nuestro egoísmo silencioso, en los fracasos de nuestras mejores intenciones, en nuestras hipocresías para con nuestras propias amistades, y dijo: «No te eches la culpa. Para eso estoy yo. Eres mi pariente, mi propia sangre, mi propia raza». Él mismo se echó la culpa y gustó la muerte en nuestro lugar. «Porque Cristo murió por los pecados una vez por todas, el justo por los injustos, a fin de llevarlos a ustedes a Dios. Sufrió la muerte en su cuerpo, pero volvió a la vida por medio del Espíritu» (1 Pedro 3:18 NVI). Fue llevado a juicio para que nosotros saliéramos libres. Fue muerto para que, por medio de su resurrección, tengamos vida. Su vida es nuestra vida. Jamás negará que somos suyos. Su vida es nuestra realidad en el presente, y después de la muerte. No intentes conducir el coche averiado de tu vida. En la cruz, él cambió tu rumbo y dirigió el volante a la vida eterna. No importan los errores que cometas, hayas cometido, o cometerás. Por la misma fe que él te da, te guiará siempre «por sendas de justicia, por amor de su nombre» (Salmo 23:3 RV60).

74

¿Por dos cervezas me anularán catorce años de trabajo?

> «Dios no envió a su Hijo al mundo para condenar al mundo, sino para que el mundo sea salvo por él» (Juan 3:17 RVC).

Era su segundo caso de conducción en estado de ebriedad. El abogado le decía que, en vez de presentarse al juicio corriendo el riesgo de perder, podía declararse culpable para obtener una sentencia reducida. Multa: 1960 dólares. Trabajos comunitarios: veinte días. Clases para conductores ebrios reincidentes: dieciocho meses (una vez por semana). Otras multas y recargos: 900 dólares. Libertad condicional: tres años. La alternativa le añadía unos mil dólares más en multas, ciento veinte días de cárcel, y cinco años de libertad condicional. Las pruebas practicadas con el alcoholímetro la condenaban: 0.18 % de alcoholemia. Mireya pensó que aceptaría la oferta hasta que el abogado le preguntó por su situación migratoria. —Estoy en el proceso de obtener mi residencia. Ya me tomaron las huellas. En tres meses me la darán. —La respuesta del abogado la dejó sin palabras: —Si se declara culpable, es probable que le nieguen la residencia, y corre el riesgo de ser deportada. —¿Qué? ¿Después de trabajar catorce años en este país, me van a negar la residencia por un par de cervezas? —Así es — respondió el abogado—. La ley es ciega a todo lo bueno que usted haya hecho. La ley solo sabe condenarla por lo malo que hizo.

En el tribunal divino, las cosas no son muy diferentes. A la ley de

Dios no le importa todo lo que trabajes, todo lo bueno que hagas, ni todo tu esfuerzo, tu lucha, o todas tus buenas intenciones. Con tan solo un mal pensamiento, todo queda nulo. Jesucristo, interpretando la ley, dijo que, si tan solo te enojabas con tu prójimo, ya lo habías asesinado. Con tan solo desear a la mujer ajena (o al marido ajeno), ya habías cometido adulterio en tu corazón. Fuerte. Tú puedes decir: «Pero, yo realmente soy fiel; no he hecho nada malo». «¿En serio?», responde la ley. «Vamos a darle una miradita a tu corazón en estas últimas veinticuatro horas». Si las cosas son así, ¿qué esperanza tenemos? Toda la esperanza posible. ¿Por qué? Porque la esperanza no radica dentro de ti, sino fuera. Tu esperanza está anclada en otro, ¡vive fuera de ti!

Esa esperanza es la vida de Jesús de Nazaret. La ley reconoce solamente una vida, la cual no solo alcanzó sus altas normas de amor, fe y pureza, sino que ¡las excedió con abundancia infinita! Jesús no pecó ni con el más mínimo pensamiento contra su prójimo. Sus pensamientos e intenciones siempre desearon el bien del otro, ¡aun cuando seguían siendo sus enemigos! Jesús dijo: «... viene el príncipe de este mundo, y él nada tiene en mí» (Juan 14:30 RV60). Dijo también: «... yo hago siempre lo que a él [el Padre] le agrada» (Juan 8:29 BLPH). Dios ofrece sustituir tu vida con la vida perfecta de Jesús. Sin condición alguna. ¿Qué condición podría imponernos, sabiendo que nuestra vida es tan solo una larga historia de promesas rotas? De hecho, estamos continuamente bajo maldición por nuestro historial de incumplimientos. La perfecta ley de Dios lo declara así: «Maldito el que no confirmare las palabras de esta ley para hacerlas» (Deuteronomio 27:26 RV60). Pero ¿dónde está el que las cumple? ¿Dónde está el que continuamente las confirma? Por eso Pablo dice que «la Escritura declara que todo el mundo es prisionero del pecado, para que mediante la fe en Jesucristo [...] fuéramos justificados por la fe» (Gálatas 3:21–24 NVI). Pues «Dios no envió a su Hijo al mundo para condenar al mundo, sino para que el mundo sea salvo por él» (Juan 3:17 RVC). La alternativa que Dios te ofrece hoy es: tú le das tu vida de pecado; él te da su vida de perfecta y constante santidad ante el Padre. No arriesgas nada con recibir su vida, ¡y junto con ella recibir eterna libertad para vivir con él!

75

Perro sabueso vs. tortillas chips picantes

> «Dios el Señor hizo túnicas de pieles de animales, y con ellas vistió al hombre y a su mujer» (Génesis 3:21 NBV).

La sirena ni siquiera sonó. Bastó con las luces rojas y azules de la patrulla para que el coche se detuviera. —No se preocupe —dijo el agente a la chofer—, solo me llamó la atención que todavía no tenga las placas. —Es que el coche es nuevo —añadió una señora sentada en el asiento del copiloto. —Entonces, no hay problema —respondió el agente—. Pero ¿dónde está pegada la etiqueta provisional de registro? —Oh, seguramente mi marido la quitó porque le estorbaba —dijo la chofer. En el asiento de atrás, una jovencita de doce años comía ansiosamente tortillas chips picantes. De hecho, había cinco bolsitas vacías de tortillas chips tiradas en el asiento y por el piso. —Disculpen —dijo el agente—. Debo pedirles que salgan del coche. Voy a traer a mi amigo para que lo registre. —De la patrulla saltó un perro pastor alemán guiado por el policía. —No tardaré mucho —dijo. El perro subió al asiento delantero, y luego saltó atrás. En menos de cinco segundos ladró hacia el interior de la puerta donde la niña había estado sentada. —No le gustaron las tortillas chips —dijo la señora con una risa algo nerviosa. El agente habló por la radio y, en pocos minutos, se acercó otra patrulla. Varios agentes bajaron con

herramientas especiales. Desmontaron rápidamente la puerta. —Ajá...
—dijo el agente extrayendo del interior de la puerta una gran bolsa
llena de bolsitas con polvo blanco—. Y ¿estas son tortillas en polvo?
—preguntó. Las mujeres fueron condenadas a dos años de prisión,
y la niña fue enviada a un hogar de acogida. Los esposos sufrieron la
misma pena, por los mismos cargos.

Desde nuestros primeros padres, hemos estado tratando de
cubrir nuestros pecados. Ellos lo intentaron con delantales de hojas
de higuera; nosotros, con tortillas chips. Pensamos que, de alguna
manera, podemos despistar a Dios y convencerlo de que no hay
nada malo en nosotros; que pasamos la prueba de su mirada. Pero
Dios tiene su sabueso: la ley. Es como una espada de dos filos. En
pocos segundos llega hasta nuestro pecado y lo deja expuesto ante su
vista. No hay ninguna manera de despistar a Dios. No hay ninguna
obra buena que lo convenza de que somos buenos o de que hemos
cambiado. Tampoco existe una obra tan mala que pueda convencerlo
de no perdonarnos. Sin duda, la ley nos condena incluso antes de ser
descubiertos. Pero es aun más cierto que Dios usa el sabueso de la ley
para llevarnos a su Hijo Jesucristo, y en él, encontrar perdón. Perdón
porque nuestra vida buena nunca ha sido tan buena como parece, y
perdón por el mal de nuestra vida que, sin embargo, jamás nos puso
fuera del alcance de su amor. Jesús es el único que nunca tuvo nada
que esconder ni disimular. Por su pura gracia, sin que lo merezcamos
en absoluto, nos cubre con su perfecta vida. Esta gracia ya había
sido anunciada en el Edén, cuando Dios vistió a nuestros primeros
padres. Aunque trataron de tapar su pecado con mantos de higuera,
no pudieron engañar a Dios. La falsedad de ellos quedó al descubierto.
Pero Dios les concedió la gracia. Los vistió con pieles. ¿Pieles? Sí. Allí
mismo en el Edén, Dios anunció el sacrificio de Cristo, sacrificando a
unos animalitos inocentes para cubrir su pecado. «Dios el Señor hizo
túnicas de pieles de animales, y con ellas vistió al hombre y a su mujer»
(Génesis 3:21 NBV). ¿Sientes que el sabueso te persigue? Déjalo que
te alcance. Te llevará a Cristo para vestirte con su manto de justicia.

76

La corbata deshilachada

> «Su sudor era como grandes gotas de sangre que caían hasta la tierra...»; «Ustedes saben que fueron rescatados de una vida sin sentido, la cual heredaron de sus padres; y que ese rescate no se pagó con cosas corruptibles, como el oro y la plata, sino con la sangre preciosa de Cristo» (Lucas 22:44 RVA2015; 1 Pedro 1:18–20 RVC).

Las corbatas tienen dos cabos. Uno es el más ancho; el más vistoso. El otro es el más angosto, y se esconde detrás del ancho. Pero el abogado estaba tan nervioso que, mientras hablaba con el acusado, su pulgar y su índice frotaban sin tregua la punta del cabo escondido. Me di cuenta de que el abogado repetía el gesto con frecuencia, pues la punta estaba deshilachada. «He tratado de encontrar alguna ley que lo ampare; pero, por el contrario, todas las leyes están en su contra. Por más inocente que usted diga que fue el toque en esa parte del cuerpo de esa niña de catorce años, ella testificará que se sintió agredida por usted. También dirá que no fue la primera ni la única vez. En casos como este, el jurado casi siempre cree a las niñas [dedos del abogado frotando la corbata]. Lo más probable es que el jurado lo declare culpable. Usted tiene cargos similares con otra adolescente. Por eso, la fiscalía está pidiendo cadena perpetua por sus presuntos delitos. Su única alternativa es declararse culpable para una sentencia reducida. En este caso, le ofrecen quince años. Comprendo que usted se declare inocente. Pero esas niñas subirán al estrado, lo señalarán con el dedo, y dirán que usted las agredió sexualmente. El jurado lo condenará a cadena perpetua». La corbata deshilachada del abogado no era nada comparada con el miedo del muchacho. Cuando se levantó para responder al juez, su asiento estaba totalmente empapado.

Hubo alguien que sufrió más. Cuando Jesucristo comenzó a sentir el peso de nuestros pecados en el huerto de Getsemaní, no tenía ni corbata, ni un asiento para su comodidad. Sin embargo, al sentir el horrible asedio de nuestros pecados, su agonía fue tan aguda que «su sudor [fue] como grandes gotas de sangre que caían hasta la tierra» (Lucas 22:44 RVA2015). Hematidrosis. Así se llama esta rarísima condición producida por la angustia y el estrés. Los capilares que llevan sangre a las glándulas sudoríparas se revientan, provocando un tinte rojizo en la piel. Él no era culpable de mis pecados ni de los tuyos. Pero los sintió como suyos porque los hizo suyos. Y al hacerlos suyos, sintió toda la agonía del sufrimiento por nuestros pecados. El joven de nuestra historia mojó su asiento por el terror de escuchar a las víctimas señalarlo con el dedo, y contar al jurado todos los pormenores de su maldad. Pero ni él, ni ninguno de nosotros, tiene la menor idea de la desesperante angustia que se siente al estar totalmente descubierto ante el Juez del universo. Para nuestro beneficio, Jesús sintió todo eso y más. Mucho más, porque también sintió la maldición de la ley que caía sobre él. No importa si lo crees o no: lo que Jesucristo sintió por ti es una realidad. La evidencia: hematidrosis. «Grandes gotas de sangre que caían a la tierra». Cada una de ellas tenía tu nombre y apellido, además de toda tu historia. Pero él recogió en sí mismo todo lo que somos para redimirnos y llevarnos a Dios. Cuando el Juez pronuncia nuestro nombre, se nos presenta sin mancha, en la belleza de su santidad. No te aflijas por tu pasado, ni por tu presente, ni por tu futuro. Tampoco por lo que eres, o por lo que tus pecados indican que podrías ser mañana. Si te afligieras sinceramente, tal vez también sufrirías hematidrosis. Pero ese sufrimiento no es para ti —en ningún momento—. Jesús ya lo sufrió en tu favor. Ahora su sangre te da vida, y vida en abundancia.

77

Dicto orden de desalojo forzoso

> «Cuando vea la sangre en el dintel y en los dos postes de la puerta, el Señor pasará de largo aquella puerta, y no permitirá que el ángel destructor entre en sus casas para herirlos» (Éxodo 12:23 NBLA).

La demanda se denomina Retención ilícita de un inmueble. Se interpone cuando el demandado no ha pagado el alquiler, y sigue viviendo en el lugar. El propietario de la vivienda tiene el derecho de acudir a la justicia para demandar el desalojo inmediato del inmueble. Los demandados se excusan de muchas maneras. «Perdí el trabajo», «este mes no me pagaron a tiempo», «me enfermé y no puedo pagar», «tuve que viajar de emergencia», y muchos más. Las semanas pasan. Se convierte en rutina. El propietario pide la renta, el inquilino alega que no puede pagar; que «tal vez el mes entrante». Para los propietarios, la ley provee el recurso de la demanda de desalojo forzoso. Puede parecer cruel. Hay casos en los que niños pequeños, ancianos, o enfermos, quedan en la calle por orden judicial. En esta ocasión, en la casa vivía un enfermo mental. Tenía necesidades especiales. Debido a los gastos médicos, la familia se había quedado sin dinero para el alquiler. Habían pasado cinco meses. Los inquilinos no habían cumplido. Ahora, la causa estaba ante el juez. Por más que la madre del joven incapacitado insistió, no hubo recurso alguno. «Dicto a favor del propietario. Señora: usted tiene hasta fin de mes para desalojar». La señora rompió a llorar. El propietario insistió: «Señor juez, ¿y con orden de candado y cerrojo?». «Sí, con orden de candado y cerrojo. Lleve el expediente a la comisaría para que, si es necesario, desalojen el inmueble por la fuerza, y pongan candado y cerrojo a las puertas para evitar que vuelvan a entrar. He dicho».

Ante Dios, ni siquiera vale la pena buscar la analogía. La casa de muchos cuartos que él está preparando para nosotros tiene un valor de renta tan alto, que nadie es capaz de costearlo. Su valor se mide por el infinito valor de la vida de Dios mismo. Así lo demuestra la vida, muerte y resurrección de Jesucristo. Por lo tanto, el propietario, de las abundantes riquezas de su gracia, ya ha dado anticipadamente la renta por pagada —eternamente—. En vez de una orden de desalojo, ha dictado una orden de admisión. «Ve por los caminos y por los vallados, y fuérzalos a entrar, para que se llene mi casa» (Lucas 14:23 RV60). Sin embargo, hay muchos que, por su gran incredulidad, desprecian la orden de admisión. Creen que la orden es demasiado buena para ser verdad. Que debe de haber alguna trampita. Que parece demasiado riesgosa. Y que, al fin y al cabo, ellos tienen con qué pagar el alquiler. Tienen los recursos. Pueden garantizar sus pagos con las riquezas de su sacrificio de vivir más piadosamente que los demás. Además, usan sus recursos para sostener sus instituciones religiosas. Se esfuerzan por observar días, ayunos, rituales, penitencias, y hacer muchas otras ofrendas por la fuerza de su voluntad. Sin embargo, en el reino de los cielos no se acepta tal moneda. Allí, lo único de valor es el tesoro de la vida de Jesucristo, una riqueza ya depositada y garantizada por la eternidad. Los que sí creen en la orden de admisión son los pobres; los espiritualmente incapacitados, conocidos también como los que «tienen hambre y sed de justicia», y cuyas vidas de pecado los han tenido maniatados y con grilletes; aquellos que nunca han tenido una familia de fe. De este modo, «los primeros serán postreros, y los postreros, primeros» (Mateo 20:16 RV60). Corre hacia la entrada. He aquí, él está a la puerta y te invita. «Venid, benditos de mi Padre, heredad el reino preparado para vosotros desde la fundación del mundo» (Mateo 25:34 RV60). Pero ¿qué de los que piensan que pueden pagar la renta? Llegará el día en que se les acabará el dinero. Y entonces, todavía encontrarán este aviso en la puerta: «Venid a las aguas; y los que no tienen dinero, venid, comprad y comed. Venid, comprad sin dinero y sin precio, vino y leche» (Isaías 55:1 RV60).

78

Helado a cambio de toques

> Entonces Jesús dijo: ¿Quién es el que me ha tocado? […] porque
> yo he conocido que ha salido poder de mí. Entonces, cuando
> la mujer vio que no había quedado oculta, vino temblando y
> se postró a sus pies. Y él le dijo: Hija, tu fe te ha salvado; ve en
> paz» (Lucas 8:45–48 RV60).

Mientras los escolares salían para volver a sus casas, el heladero se había instalado en una acera cercana a la escuela. Al oír las campanitas, unas niñas adolescentes se acercaron. —¿Qué paletas tiene? —Las que gusten, niñas —respondió sonriente, abriendo la tapa del carrito. —Quiero esta de mango, y para mi amiga, esta de coco. —Son cinco dólares cada una. —Pero ¿no valían solo un dólar? —Esas eran otras, y hoy no me quedan. —Ay, pero solo tenemos dos dólares. —No se preocupen, niñas; hagamos un trato. —¿Cuál? —preguntaron. —Si me dejan tocarles esa cabellera tan linda, les regalo las paletas. —Al día siguiente, la historia se repitió. Esta vez, el heladero les regaló paletas para tocarles el cabello, pero además, añadió un toquecito en la mejilla. Al día siguiente, les ofreció paletas y veinte dólares a cada una, pero su propuesta cruzó la raya llegando a la indecencia. Las niñas, que en el colegio habían aprendido sobre los toques indebidos, corrieron a casa y lo contaron a sus padres. Vino la policía, tomó nota, y con el permiso de los padres, trazaron un plan. Al día siguiente, las niñas se acercaron otra vez al heladero, quien luego de coquetear brevemente diciéndoles que eran las más hermosas del mundo, les propuso el mismo trato que el día anterior. En instantes, varios policías lo rodearon y lo arrestaron por proponer actos morbosos e indebidos a tres menores de edad. La policía había instalado dispositivos de escucha en las mochilas de las niñas, y todo quedó grabado. ¿La sentencia? Seis años de cárcel, e inscripción de por vida en el registro de pedófilos.

La Escritura nos relata otro tipo de toque. «Una mujer que padecía de flujo de sangre desde hacía doce años, y que había gastado en médicos todo cuanto tenía, y por ninguno había podido ser curada, se le acercó [a Jesús] por detrás y tocó el borde de su manto; y al instante se detuvo el flujo de su sangre. Entonces Jesús dijo: ¿Quién es el que me ha tocado? [...] porque yo he conocido que ha salido poder de mí. Entonces, cuando la mujer vio que no había quedado oculta, vino temblando y se postró a sus pies. Y él le dijo: Hija, tu fe te ha salvado; ve en paz» (Lucas 8:43–48 RV60).

Al no haber sanidad para su enfermedad, le habían dicho que era una gran pecadora y que sufría por castigo de Dios. Pero, en Jesucristo, ella no vio condenación sino salvación. Vio que él andaba buscando enfermos y condenados —como ella— para sanar y salvar. También le habían dicho que, por su enfermedad, no podía acercarse a la gente, ni tocarla, pues era impura y podía contaminarlos con su inmundicia. La habían condenado a una vida de vergüenza y timidez. Con un valor que ahogó su vergüenza, se acercó a Jesucristo. No solamente pensó: «Si lo toco, quedaré sana», sino más bien: «Si lo toco, seré perdonada». En ese toque de fe, hubo un intercambio de sangres. Su flujo cesó de inmediato porque tocó a Aquel de quien fluyó sangre para perdonarla. Sangre por sangre. Culpa por perdón. Inscrita en el registro de los salvos por gracia mediante la fe, ¡e instalada en el reino de los sanos y salvos por la eternidad!

79

El tribunal la cuidará como su fuera su propia hija

> «No se preocupen por su vida, qué comerán o beberán; ni por su cuerpo, cómo se vestirán. ¿No tiene la vida más valor que la comida, y el cuerpo más que la ropa? [...] Más bien, busquen primeramente el reino de Dios y su justicia, y todas estas cosas les serán añadidas» (Mateo 6:25–34 NVI).

Años atrás, una preciosa niña de siete años había quedado bajo la tutela del Tribunal de Menores. Un tío lejano aceptó encargarse de la niña bajo las órdenes del tribunal. La niña aceptó a su nueva familia. Ahora, cinco años más tarde, estaba en pleno desarrollo como señorita. Sin embargo, poco a poco se había ido manifestando un síndrome en su dentadura. Los dientes de ambas mandíbulas habían comenzado a crecer fuera de control. Su rostro se estaba desfigurando. Cuando la niña se miraba en el espejo, notaba los grotescos cambios. Las risitas, burlas, y los ofensivos apodos que le daban sus compañeras de escuela se lo confirmaban. Dejó de sonreír para que no vieran su dentadura, y llegaba a casa llorando, sin deseos de hacer tareas ni de volver a la escuela. Volvía al espejo, y comenzaba a odiarse. Su tío llevó el caso al tribunal para presentarle la necesidad al juez. Al fin y al cabo, era este quien debía dictar sobre la menor hasta que cumpliera la mayoría de edad. La fiscal pedía que no se concediera ayuda financiera para la ortodoncia de la niña. «Todos los niños necesitan ortodoncia. Si comenzamos con ella, no tendremos presupuesto para todos los demás». Tras escuchar otros argumentos, el juez dijo: «¡Basta! ¡Si esta niña está bajo nuestro cuidado, tenemos que tratarla como nuestra propia hija!». Y sin más, firmó la orden para su tratamiento.

Y ¿qué de nosotros y nuestras necesidades especiales? Jesucristo dijo: «No se preocupen por su vida, qué comerán o beberán; ni por su cuerpo, cómo se vestirán. ¿No tiene la vida más valor que la comida, y el cuerpo más que la ropa? Fíjense en las aves del cielo: no siembran ni cosechan ni almacenan en graneros; sin embargo, el Padre celestial las alimenta. ¿No valen ustedes mucho más que ellas? ¿Y por qué se preocupan por la ropa? Observen cómo crecen los lirios del campo. No trabajan ni hilan […] Si así viste Dios a la hierba que hoy está en el campo y mañana es arrojada al horno, ¿no hará mucho más por ustedes, gente de poca fe? Así que no se preocupen diciendo: "¿Qué comeremos?" o "¿Qué beberemos?" o "¿Con qué nos vestiremos?" Porque los paganos andan tras todas estas cosas, y el Padre celestial sabe que ustedes las necesitan. Más bien, busquen primeramente el reino de Dios y su justicia, y todas estas cosas les serán añadidas. Por lo tanto, no se angustien por el mañana, el cual tendrá sus propios afanes. Cada día tiene ya sus problemas» (Mateo 6:25–34 NVI). Nosotros somos esa niña con el rostro desfigurado. Pero estamos bajo la tutela del tribunal divino. Allí, el Juez del universo no escucha ningún argumento en nuestra contra. Se nos acusa de indignos, deformes, defectuosos e incompletos. Pero el Juez ordena que se nos trate como a sus propios hijos e hijas ¡porque fuimos aceptos en su Hijo amado! Así que «¡no se preocupen por su vida!». Somos completos, embellecidos y perfectos en Cristo. Dios nos trata así porque, en Cristo, somos sus propios hijos.

«Allá en el rancho grande...»

> «¡Cuán bella eres, amada mía! ¡Cuán bella eres! [...] Yo soy la Rosa de Sarón, y el lirio de los valles»; «Con amor eterno te he amado, por tanto, te prolongué mi misericordia» (Cantares 1:15 NVI; 2:1 RV60; Jeremías 31:3 RV60).

«... vivía una rancherita». Ella, muy alegre, viajó al país del norte. Allí se encontró con un hombre de su rancho. Se casaron y... ¿fueron felices? Tres años después, compraron un lote cerca del rancho. Cinco años después, habían construido una casa con piscina y todo. Diez años después, compraron otra casa, pero en el norte. Quince años después —ahora—, estaban en el juzgado del derecho familiar, pidiendo el divorcio. —Y ¿cómo van a dividir los bienes? —preguntó el juez. La esposa respondió: —Me saqué la sangre de las uñas limpiando baños, lavando pisos, tendiendo camas en los hoteles para pagar la casa allá en el rancho. Era la casita de nuestros sueños. Hace un año, encontré unos papeles donde él transfirió el título de esa casa a su hermano. Es la casa más bonita. Hoy vale mucho. Pero ahora que me quiero divorciar porque me traicionó con otra, me dice que no puede darme la mitad, porque la casa es de su hermano. —Y usted, ¿qué dice, señor? —preguntó el juez. —Mi hermano no tenía dónde vivir con su familia, así que le ayudé con la casa. —Mentiras —respondió la mujer—. Él ya sabía que se iba a divorciar de mí; por eso se la pasó a su hermano. —El juez dio su fallo. —La casa se compró con el trabajo del matrimonio.

Usted no tenía derecho a transferirla a su hermano. Venda esa casa y dele la mitad a la señora. Le entregaré la casa de acá a su esposa para compensarla. Por tratar de pasarse de listo, perdió allá y acá. He dicho.

Este planeta tierra iba a ser nuestro «rancho grande» junto a nuestro Creador, su casita ideal para nosotros. Pero la regalamos por haber codiciado lo prohibido, lo que no era nuestro. Desde entonces, la codicia ha sido nuestro tropiezo. El décimo mandamiento de la ley de Dios nos reclama: «No codiciarás», pero nuestra naturaleza está tan corrompida, que lo tomamos como si dijera: «¡Codiciarás todo, y todo lo que puedas!». Y ¡qué obedientes hemos sido! Hemos codiciado los bienes del otro, el trabajo de la otra, el marido de la vecina, la mujer del jefe, sin fin. Hasta que Dios envió a su Hijo para poner fin a la codicia. Pero ¿de qué manera? En la cruz, codició recibir nuestro castigo, sufrir nuestra pena, y con su codicia, pagar por la nuestra.

Con su codicia santa, mató nuestra codicia impura. Codició que fuéramos perdonados, así que llevó nuestro pecado sobre su cuerpo, logrando nuestro perdón. Con su muerte por codiciar nuestra salvación, mató la muerte que era fruto de nuestra codicia. La Escritura revela esa codicia santa: «He aquí que tú eres hermosa, amiga mía; he aquí que eres bella» (Cantares 1:15 RVA). Así es como él nos codició, y por medio de su pasión, logró nuestro perdón.

Su codicia de perdonarnos invierte nuestra codicia que nos condena, y la sobrepasa. A pesar de nuestra naturaleza codiciosa, su naturaleza santa y pura codicia mucho más nuestra salvación, y su codicia devora la nuestra. Su deseo de justificarnos es mayor que nuestra codicia de condenarnos.

Pero ¿por qué seguimos codiciando? La codicia no tolera ni el perdón ni la misericordia. Mientras tengamos vida, seremos codiciosos. Sin embargo, ahora tenemos una codicia que supera nuestra codicia de lo prohibido. Ahora podemos codiciar lo que antes no codiciábamos. Ahora podemos codiciar la gracia, la misericordia, el perdón, la pureza, y la integridad en el amor. Podemos codiciar amar más a nuestros hijos, a nuestro cónyuge. Nada mata más la codicia de lo ajeno que codiciar cada vez más lo que ya es nuestro. Esa codicia es pura y santa. ¿Quieres verla? Mira la cruz. Allí estaba Jesús de Nazaret, codiciando tu alma. ¿Y el «rancho grande»? Ya está listo y pagado. No te lo quitarán. ¡Codícialo todo lo que quieras!

www.ingramcontent.com/pod-product-compliance
Lightning Source LLC
Chambersburg PA
CBHW031511120626
46545CB00005B/1839